72パターンに+α(プラスアルファ)で何でも話せる英会話

味園真紀

CD BOOK

はじめに

　前作『たったの72パターンでこんなに話せる英会話』の読者の方々から、第2弾を求めるご要望を多数いただき、本書を出版することとなりました。
　前作を読んでいない方でも本書で学習できるよう、最初に72パターンを紹介しています。「72パターンの使い方の詳細や例文をもっと知りたい！」という方は、前作をご覧いただければ幸いです。

　本書では、前作と同様、**「基本的なパターンをまず習得して、そのパターンを使って様々な場面に対応できる表現力を身につける」**ことが目的のひとつとなっています。
　前作の72パターンに加えて、知っているともっと会話のバリエーションが広がる「＋αパターン38」を選びました。
　まずは、PartⅠ「これが言いたかった！　＋αパターン38」にある38パターンを習得してください。

　次に、本書では、**「覚えたパターンの使い方を習得する」**ことをもうひとつの目的としています。
　「パターンは覚えたけれど、実際にどんなときにそのパターンを使ったらいいか分からない」「会話の中での受け答えのしかたが分からない」という悩みをよく耳にします。そんな悩みを解消するために、PartⅡ「マンガで分かる！　72パターンと＋α38パターンはこう使う」で、72パターンと＋α38パターンを使う場面やタイミングを紹介しています。
　海外旅行や電話など、みなさんが実際に遭遇されると思われる場面を設定しました。
　1コマごとに使うメインフレーズのほかに、そのメインフレーズの代

わりに使える表現やメインフレーズにプラスして使える表現をバリエーションとして掲載しています。

また、各フレーズで使用したパターンが分かるよう、パターン表示をしていますので、どんなパターンがどこで使用されているか、確認してください（72パターンは ☺、+α38パターンは ☺）。

日常英会話で大切なのは、難しい英語や表現を使うことではなく、「自分の知っている範囲内の表現で、言いたいことを伝える」ことです。英語の表現方法は、ひと通りではありません。言いたいことは、いろんな形で表現することができます。

まずは、72パターンと+α38パターンをフル活用して、自分なりに英会話を楽しんでみてください。

2005年11月

味園　真紀

◆CDの使い方◆

PartⅠは、各フレーズが日本語→英語の順で収録されています。

英語が実際にどのように話されているかを確認しながら聞いてください。

次に発音やリズムをまねて、実際に言ってみましょう。

慣れてきたら、日本語の後に自分で英語を言ってみましょう。

PartⅡは、会話の流れをつかんでもらいたいため、メインの会話の英語のみが1コマ目から4コマ目まで通して収録されています。

その後、バリエーションの英語のみがまとめて掲載順に収録されています（PartⅡでは、メインフレーズ、バリエーションとも英語のみが収録されており、日本語訳は収録されていません）。

Contents

『たったの72パターンでこんなに話せる英会話』より … 9

Part I

これが言いたかった！

+αパターン 38

1 絶対～だよ／I'm sure ～ … 22
2 ～は確かじゃないよ／I'm not sure ～ … 24
3 絶対～してね／Make sure ～ … 26
4 ～かなぁ／I wonder if ～ … 28
5 もうちょっとで～するところだ（だった）／I almost ～ … 30
6 ～してもらいたいんだ／I want you to ～ … 32
7 ～してもいい？／Do you mind my ～ing? … 34
8 ～してもいい？／Do you mind if I ～? … 36
9 ～したらどうする？／What if ～? … 38
10 ～だといいんだけど／I wish ～ … 40
11 ～はどうしたの？／What's wrong with ～? … 42
12 ～はどうするの？／What about ～? … 44
13 ～も…だよ／～ …, too … 46
14 ～も…じゃないよ／～ …, either … 48
15 ～を！／Have ～! … 50
16 なんて～なの！／How ～! … 52
17 なんて～なの！／What a(an) ～! … 54
18 AじゃなくてB～だよ／not A, but B ～ … 56
19 AだけじゃなくてBも～だよ／not only A, but also B ～ … 58

20 〜に見えるよ／You look 〜 … 60
21 …するのは〜だ／It is 〜 to … … 62
22 〜したい気がする／I feel like 〜ing … 64
23 〜には慣れているよ／I'm used to 〜ing … 66
24 〜するだけだよ／I just 〜 … 68
25 〜が一番…だよ／〜 be動詞＋the＋形容詞の最上級 … 70
26 AもBも〜だよ／Both A and B 〜 … 72
27 AかBが〜だよ／Either A or B 〜 … 74
28 AもBも〜じゃないよ／Neither A nor B 〜 … 76
29 それが、私が〜する（した）ことだよ／That's what I 〜 … 78
30 〜になった／I got 〜 … 80
31 〜をどうぞ／Here's 〜 … 82
32 残念だけど（申し訳ありませんが）〜／I'm afraid 〜 … 84
33 〜の前に／in front of 〜 … 86
34 できるだけ〜／as 〜 as possible … 88
35 〜のしかた／how to 〜 … 90
36 ちょっと〜／kind of 〜 … 92
37 〜みたいな／like 〜 … 94
38 〜は何でも／whatever 〜 … 96
◎コラム1…受動態について … 98

Part II

マンガで分かる！

72パターンと+α38パターンはこう使う

1 飛行機で①…席を教えてもらう … 100
2 飛行機で②…機内食 … 102

3	飛行機で③…気分が悪くなった	104
4	飛行機で④…手荷物がなくなった	106
5	入国審査で	108
6	税関で	110
7	両替をする	112
8	ホテル①…チェックイン	114
9	ホテル②…トラブル	116
10	ホテル③…チェックアウト	118
11	買い物①…商品について話す	120
12	買い物②…試着する	122
13	買い物③…支払い	124
14	買い物④…返品する	126
15	レストラン①…店に入る	128
16	レストラン②…注文する	130
17	ファーストフード店で注文する①	132
18	ファーストフード店で注文する②	134
19	写真をとってもらう	136
20	道を教える①…場所を教える	138
21	道を教える②…目的地までの距離や時間を教える	140
◎コラム 2…道案内のしかた		142
22	駅で①…運賃を聞かれる	144
23	駅で②…行き方をたずねられる	146
24	駅で③…電車についてたずねられる	148
25	初対面の人とあいさつを交わす	150
26	知り合いとあいさつを交わす	152
27	日本に来てどのくらいか、たずねる	154
28	どこから来たのか、たずねられる	156
29	職業について話す	158
30	兄弟（姉妹）について話す	160
31	電話①…電話をかける	162
32	電話②…伝言を頼む／受ける	164

33 電話③…不在のとき、何時に帰ってくるかたずねる … 166
34 様子をたずねる … 168
35 励ます … 170
36 天気について話す … 172
37 映画について話す … 174
38 通勤について話す … 176
39 趣味について話す … 178
40 プレゼントを渡す／もらう … 180
41 ペットについて話す … 182
42 スポーツについて話す … 184
43 お菓子を勧める／勧められる … 186
44 飲酒について話す … 188
45 週末の予定について話す① … 190
46 週末の予定について話す② … 192
47 相手の日本語について話す … 194
48 映画に誘う … 196
49 ランチに誘う … 198
50 夕食に誘う … 200
51 新しい店について話す … 202
52 待ち合わせの時間を決める … 204

◎コラム 3…あいさつの表現／つなぎの表現／あいづちの表現／
　　　　　感情を表す表現 … 206

カバーデザイン：渡邊民人(TYPE FACE)
カバーイラスト：草田みかん
本文デザイン　：梅津由紀子（TYPE FACE)
本文イラスト　：安東章子

『たったの72パターンでこんなに話せる英会話』より

1 これは〜です／This is〜

[This] ＋ [is] ＋ [名詞 / 形容詞] .

※ This → That, It も可

2 私は〜です／I am〜

[主語] ＋ [be動詞] ＋ [名詞・形容詞] .

3 〜します／I＋一般動詞〜

[主語] ＋ [一般動詞] ＋ [＋目的語や修飾語] .

4 〜しています／I'm＋一般動詞＋ing〜

[主語] ＋ [be動詞] ＋ [一般動詞＋ing] .

5 〜すると思います／I will＋動詞の原形〜

[主語] ＋ [will〈'll〉] ＋ [動詞の原形] .

6 〜するつもりです／I'm going to＋動詞の原形

[主語] ＋ [be動詞] ＋ [going to] ＋ [動詞の原形] .

7 ～しました／I+動詞の過去形～

主語 + 動詞の過去形 + 目的語や修飾語 .

8 （もう）～しました／I have+動詞の過去分詞形～

主語 + have ⟨'ve⟩ / has ⟨'s⟩ + 動詞の過去分詞形 .

9 ずっと～しています／I have+動詞の過去分詞形～

主語 + have ⟨'ve⟩ / has ⟨'s⟩ + 動詞の過去分詞形 .

10 ～したことがあります／I have+動詞の過去分詞形～

主語 + have ⟨'ve⟩ / has ⟨'s⟩ + 動詞の過去分詞形 .

11 ～できます／I can+動詞の原形～

主語 + can + 動詞の原形 .

12 ～しなければなりません／I have to+動詞の原形～

主語 + have / has to + 動詞の原形 .

13 ～したいです／I want to+動詞の原形～

主語 + want / wants to + 動詞の原形 .

14 ～があります／There is～

There + is / are + 名詞の単数形 / 名詞の複数形 .

15 〜は何ですか？／What is〜?

What ＋ is/are ＋ 単数名詞／複数名詞 ？

【応用パターン1】 何を〜するのですか？

What ＋ do/does ＋ I/you/we/they/he/she ＋ 一般動詞の原形 ？

【応用パターン2】 何を〜したのですか？

What ＋ did ＋ 主語 ＋ 一般動詞の原形 ？

【応用パターン3】 何を〜していますか？

What ＋ am/are/is ＋ I/you/we/they/he/she ＋ 一般動詞＋ing ？

【応用パターン4】 何を〜するつもりですか？

What ＋ am/are/is ＋ I/you/we/they/he/she ＋ going to ＋ 一般動詞の原形 ？

16 どちらが〜？／Which is〜?

Which ＋ is ＋ 名詞 ？

【応用パターン1】 どちらが〜しますか？

Which ＋ do/does ＋ I/you/we/they/he/she ＋ 一般動詞の原形 ？

【応用パターン2】 どちらを〜するつもりですか？

Which + [am/are/is] + [I / you/we/they / he/she] + going to + 一般動詞の原形 ?

17 〜は誰？／Who is〜?

Who + [is/are] + 名詞 ?

【応用パターン1】 誰が〜しますか？

Who + 一般動詞の現在形 ?

【応用パターン2】 誰が〜しましたか？

Who + 一般動詞の過去形 ?

18 〜はいつ？／When is〜?

When + is + 名詞 ?

【応用パターン1】 いつ〜しますか？

When + [do/does] + [I/you/we/they / he/she] + 一般動詞の原形 ?

【応用パターン2】 いつ〜しましたか？

When + did + 主語 + 一般動詞の原形 ?

【応用パターン3】 いつ〜するつもりですか？

When + [am/are/is] + [I / you/we/they / he/she] + going to + 一般動詞の原形 ?

19 ～はどこ？／Where is～?

Where + is + 名詞 ?

【応用パターン1】 どこで（に）～しますか？

Where + do/does + I/you/we/they he/she + 一般動詞の原形 ?

【応用パターン2】 どこで（に）～しましたか？

Where + did + 主語 + 一般動詞の原形 ?

20 どうして～？／Why～?

Why + do/does + I/you/we/they he/she + 一般動詞の原形 ?

【応用パターン】 どうして～しましたか？

Why + did + 主語 + 一般動詞の原形 ?

21 ～はどう？／How is～?

How + is (are) + 名詞 ?

【応用パターン1】 どのように（どうやって）～するのですか？

How + do/does + I/you/we/they he/she + 一般動詞の原形 ?

【応用パターン2】 どのように（どうやって）～したのですか？

How + did + 主語 + 一般動詞の原形 ?

使える！頻出パターン51

22 〜をいただきたいのですが／I'd like〜

　　　I'd like ⟨I would like⟩ ＋ 名詞 ．

23 〜したいです／I'd like to〜

　　　I'd like to ⟨I would like to⟩ ＋ 動詞の原形 ．

24 〜はいかがですか？／Would you like〜？

　　　Would you like ＋ 名詞 ？

25 〜されますか？／Would you like to〜？

　　　Would you like to ＋ 動詞の原形 ？

26 〜はどう？／How about〜？

　　　How about ＋ 名詞 ？
　　　　　　　　　動詞の原形＋ing ？

27 ～したらどう？／Why don't you～?

　　Why don't you ＋ 動詞の原形 ?

28 ～しよう／Let's～

　　Let's ＋ 動詞の原形 .

29 ～だと思うよ／I think～

　　I think ＋ 主語 ＋ 動詞 .

30 ～だといいね／I hope～

　　I hope ＋ 主語 ＋ 動詞 .
　　　　　　　to ＋ 動詞の原形 .

31 前は～だったよ／I used to～

　　主語 ＋ used to ＋ 動詞の原形 .

32 ～させて／Let me～

　　Let me ＋ 動詞の原形 .

33 ～をありがとう／Thank you for～

　　Thank you for ＋ 名詞 .
　　　　　　　　　動詞の原形＋ing .

34 ～してごめんね／I'm sorry～

　　I'm sorry ＋ 主語 ＋ 動詞 .
　　　　　　　　to ＋ 動詞の原形 .

35 ～じゃない？／Isn't it～?

Isn't it ＋ 形容詞 ?
　　　　　名詞 ?

36 そんなに～じゃないよ／It's not so～

It's not so ＋ 形容詞 .

37 ～すぎるよ／It's too～

It is too ＋ 形容詞 .

38 ～しないの？／Don't you～?

Don't you ＋ 動詞の原形 ?

39 ～しなかったの？／Didn't you～?

Didn't you ＋ 動詞の原形 ?

40 ～することになっているよ／I am supposed to～

主語 ＋ be動詞の現在形 ＋ supposed to ＋ 動詞の原形 .

41 ～するはずでした／I was supposed to～

主語 ＋ be動詞の過去形 ＋ supposed to ＋ 動詞の原形 .

42 ～かもしれない／I might～

主語 ＋ might ＋ 動詞の原形 .

43 ～すべきだよ／You should～

主語 ＋ should ＋ 動詞の原形 .

44 〜するはずだよ／You should〜

    主語 ＋ should ＋ 動詞の原形 .

45 〜のはずがない／You can't〜

    主語 ＋ can't ＋ 動詞の原形 .

46 〜に違いない／You must〜

    主語 ＋ must ＋ 動詞の原形 .

47 〜してください／Please〜

    Please ＋ 動詞の原形 .

    動詞の原形 , please .

48 〜しないで／Don't〜

    Don't ＋ 動詞の原形 .

49 〜してもいい？／Is it OK if〜?

    Is it OK if ＋ 主語 ＋ 動詞 ?

50 〜してもいいですか？／May I〜?

    May I ＋ 動詞の原形 ?

51 〜してもらえない？／Will you〜?

    Will you ＋ 動詞の原形 ?

52 〜していただけませんか？／Could you〜?

    Could you ＋ 動詞の原形 ?

53 〜が必要です／I need〜

I/You/We/They He/She ＋ need / needs ＋ 名詞．
＋ to ＋ 動詞の原形．

54 どんな〜？／What kind of〜?

What kind of ＋ 名詞 ＋ 疑問文 ?

55 よく〜するの？／How often〜?

How often ＋ 疑問文 ?

56 〜そうだね／That sounds〜

That sounds ＋ 形容詞 ．

57 〜によるよ／It depends on〜

It depends on ＋ 名詞 ．

58 〜ってこと？／Do you mean〜?

Do you mean ＋ 主語 ＋ 動詞 ?
＋ 名詞 ?

59 〜だよね？／〜, isn't it?

肯定	否定
It is 〜	, isn't it
You are 〜	, aren't you
He/She is 〜	, isn't he/she
You do 〜	, don't you
He/She does 〜	, doesn't he/she
You did 〜	, didn't you

＋ ?

否 定		肯 定
It isn't 〜 You aren't 〜 He/She isn't 〜 You don't 〜 He/She doesn't 〜 You didn't 〜	＋	, is it , are you , is he/she , do you , does he/she , did you	？

60 〜はどんな感じ？／What is〜like?

What is ＋ 名詞 ＋ like ？

61 〜頑張って！／Good luck with〜！

Good luck with (on) ＋ 名詞 ！

62 〜おめでとう！／Congratulations on〜！

Congratulations on ＋ 名詞 ！

63 念のために／Just in case

主語 ＋ 動詞 ＋ just in case ．

64 何時に〜？／What time〜？

What time ＋ 疑問文 ？

65 〜するようにしているよ／I try to〜

I try to ＋ 動詞の原形 ．

66 〜しようと思っているよ／I'm thinking about〜ing

I'm thinking about ＋ 動詞の原形＋ing ．

67 〜を楽しみにしているよ／I'm looking forward to〜

I'm looking forward to ＋ 名詞 .

I'm looking forward to ＋ 動詞の原形＋ing .

68 〜で困っているの／I have trouble with〜

I have trouble with ＋ 名詞 .

69 〜だから／because＋主語＋動詞

文章 ＋ because ＋ 主語 ＋ 動詞 .

70 〜のとき／when〜

When ＋ 主語 ＋ 動詞 , 文章 .

文章 ＋ when ＋ 主語 ＋ 動詞 .

71 もし〜だったら／if＋主語＋動詞

If ＋ 主語 ＋ 動詞 , 文章 .

文章 ＋ if ＋ 主語 ＋ 動詞 .

72 〜の方が…だ／〜be動詞＋比較級＋than…

A(名詞) ＋ be動詞 ＋ 比較級 ＋ than ＋ B(名詞) .

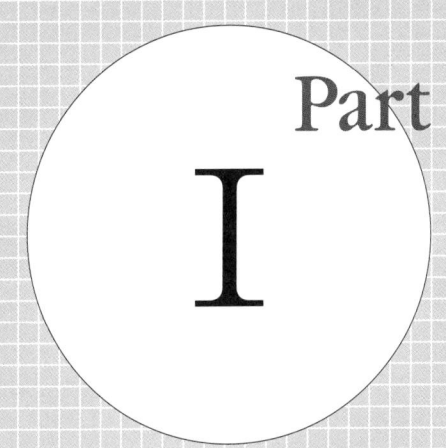

これが言いたかった! +αパターン 38

1 絶対〜だよ

I'm sure 〜

基本 フレーズ

I'm sure you can do it.
絶対、君はできるよ。

こんなときに使おう！
相手を勇気づけたいときに…

『I'm sure 〜』は、「絶対〜だよ」という表現です。
〜には、主語 + 動詞 がきます。
『I'm sure.（絶対だよ）』だけでもよく使われます。

● 基本パターン ●

I'm sure ＋ 主語 ＋ 動詞 .

絶対〜だよ／I'm sure 〜

基本パターンで言ってみよう!

I'm sure you will succeed.
絶対、君は成功するよ。

I'm sure he will come.
絶対、彼は来るよ。

I'm sure you will like him.
絶対、彼のことを気に入るよ。

I'm sure you won't like that movie.
絶対、君はその映画が好きじゃないよ。

I'm sure they are going out.
絶対、彼らは付き合ってるよ。
　ワンポイント　『go out 〜』〜と付き合う

I'm sure she is telling a lie.
絶対、彼女は嘘をついてるよ。
　ワンポイント　『tell a lie』嘘をつく

I'm sure he won't email me back.
絶対、彼はメールを返信してこないよ。

2　〜は確かじゃないよ

I'm not sure 〜

基本 フレーズ

I'm not sure I can make it.
都合がつくかどうかは確かじゃないよ。

こんなときに使おう!
誘いを受けたときに…

『I'm not sure 〜』は、「〜は確かじゃないよ」という表現です。
〜には、主語 + 動詞 がきます。
『I'm not sure.（よく分からないよ、確かじゃないよ）』だけでもよく使われます。

● 基本パターン ●

I'm not sure ＋ 主語 ＋ 動詞 ．

〜は確かじゃないよ／I'm not sure 〜

 基本パターンで言ってみよう！

I'm not sure he wants to come with us.
彼が一緒に来たがるかどうかは確かじゃないよ。

I'm not sure she bought it.
彼女がそれを買ったかどうかは確かじゃないよ。

I'm not sure he lives alone.
彼が一人暮らしかどうかは確かじゃないよ。

I'm not sure Nancy is married.
ナンシーが結婚しているかどうかは確かじゃないよ。

I'm not sure he can speak Spanish.
彼がスペイン語を話せるかどうかは確かじゃないよ。

I'm not sure they went to Hawaii.
彼らがハワイに行ったかどうかは確かじゃないよ。

3 絶対〜してね

Make sure 〜

Make sure you lock the door.
絶対、カギをかけてね。

`こんなときに使おう!`
出かけるときに…

『Make sure 〜』は、「絶対〜してね」「必ず〜してね」という表現です。

〜には、主語 + 動詞 がきます。

● 基本パターン ●

Make sure ＋ 主語 ＋ 動詞 .

絶対〜してね／Make sure 〜

😊 基本パターンで言ってみよう!

Make sure you call me tonight.
絶対、今晩電話してね。

Make sure you clean the room.
絶対、部屋を片づけてね。

Make sure you take an umbrella with you.
絶対、かさを持っていってね。

Make sure you check your email later.
絶対、後でメールをチェックしてね。

Make sure you set the alarm for six-thirty.
絶対、6時半に目覚ましをかけてね。

　『Make sure to ＋動詞の原形』でも、「絶対〜してね」という意味になります。

Make sure to call me tonight.
絶対、今晩電話してね。

4 〜かなぁ

I wonder if 〜

基本フレーズ

I wonder if it will rain.
雨が降るかなぁ。

こんなときに使おう！
雨が降りそうなときに…

『I wonder if 〜』は、「〜かなぁ」という表現です。
〜には、主語 ＋ 動詞 がきます。
また、『No wonder.』で、「無理もないね」という意味になります。

● 基本パターン ●

I wonder ＋ if ＋ 主語 ＋ 動詞 .

〜かなぁ／I wonder if 〜

基本パターンで言ってみよう!

I wonder if she will come to the party.
彼女はパーティに来るかなぁ。

I'm wondering if you read my email.
私のメールを読んだかなぁと思って。

I'm wondering if you are free this coming Saturday.
今度の土曜日、暇かなぁと思って。

I was just wondering if you had changed jobs.
君が転職したかなぁと思っていただけだよ。

ワンポイント 『change jobs』転職する

応用

『if』を『why』に変えて、『I wonder why 〜』とすると、「どうして〜なのかなぁ」という表現になります。

I wonder why she is telling us a lie.
どうして彼女は私達に嘘をついているのかなぁ。

5 もうちょっとで〜するところだ（だった）

I almost 〜

基本フレーズ

I almost missed the last train.
もうちょっとで、終電を逃すところだったよ。

こんなときに使おう!
「昨日、終電に間に合った?」とたずねる相手に…

　『I almost 〜』は、「もうちょっとで〜するところだ（だった）」という表現です。

　〜には動詞がきます。

　「〜するところだ」であれば動詞の現在形、「〜するところだった」であれば動詞の過去形になります。

　また『almost』は、動詞が一般動詞のときは動詞の前に、be動詞のときには動詞の後にきます。

基本パターン

主語　＋　almost　＋　一般動詞．

主語　＋　be動詞　＋　almost．

もうちょっとで〜するところだ（だった）／I almost 〜

 基本パターンで言ってみよう！

I almost won the lottery.
もうちょっとで、宝くじに当たるところだったよ。

I almost called him.
もうちょっとで、彼に電話するところだったよ。

I almost failed the exam.
もうちょっとで、試験に落ちるところだったよ。

I'm almost finished.
もうすぐ終わるよ。

I was almost late for school.
もうちょっとで、学校に遅刻するところだったよ。

ワンポイント 『late for 〜』〜に遅れた

6 〜してもらいたいんだ

I want you to 〜

基本フレーズ

I want you to help me.
手伝ってもらいたいんだ。

こんなときに使おう!
相手に手伝ってもらいたいときに…

『I want you to 〜』は、「(あなたに) 〜してもらいたい」と要望を表す表現です。
〜には動詞の原形がきます。

● 基本パターン ●

I want you to ＋ 動詞の原形 .

～してもらいたいんだ／I want you to ～

基本パターンで言ってみよう!

I want you to pick me up at the airport.
空港に迎えに来てもらいたいんだ。

ワンポイント 『pick ～ up』～を迎えに行く

I want you to give me some advice.
アドバイスしてもらいたいんだ。

I want you to change our appointment.
約束を変更してもらいたいんだ。

Do you want me to help you?
僕に手伝ってもらいたいの？

  応　用

目上の人や初対面の人に対して同じことを言いたい場合は、『I'd like you to ～』を使うと、丁寧な言い方になります。

I'd like you to help me.
手伝っていただきたいのですが。

Would you like me to take your picture?
写真をとってあげましょうか（とってもらいたいですか）？

～してもいい？

Do you mind my ～ing?

Do you mind my smoking?
タバコをすってもいい？

こんなときに使おう！
タバコをすわない人の前で、自分がタバコをすいたいときに…

『Do you mind my ～ing?』は、「～してもいい？」と許可を求める表現です。～には動詞の原形がきます。

この場合の「～する」の主語は、「自分」です。

『Do you mind my + 動詞の原形+ing ?』の言い方の他に、8.で紹介する『Do you mind + if + I + 動詞 ?』の言い方もあります。

● 基本パターン ●

Do you mind my ＋ 動詞の原形+ing ?

〜してもいい?／Do you mind my 〜ing?

基本パターンで言ってみよう!

Do you mind my opening the window?
窓を開けてもいい？

Do you mind my joining you?
参加してもいい？

Do you mind my changing tomorrow's schedule?
明日の予定を変更してもいい？

Do you mind my calling you tonight?
今夜、電話してもいい？

Do you mind my sitting here?
ここに座ってもいい？

気をつけよう!

　注意しなければならないのは、『Do you mind 〜?』と聞かれたときの答え方です。とても間違えやすいところなので、気をつけましょう！
　『Do you mind 〜?』を直訳すると、「〜を気にしますか？」ということになるので、答え方は次のようになります。
○「〜してもいいよ」と言いたいときは…
　『No (, I don't mind).〈ううん、気にしないよ〉』
○「〜しないでほしい」と言いたいときは…
　『Yes (, I do).〈うん、気にするよ〉』

～してもいい？

Do you mind if I ～?

基本フレーズ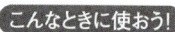

Do you mind if I smoke?
タバコをすってもいい？

こんなときに使おう！

タバコをすわない人の前で、自分がタバコをすいたいときに…

『Do you mind if I ～?』は、7. と同様に、「～してもいい？」と許可を求める表現です。

～には、動詞がきます。

主語を『I』以外のものに変えることもできます。その場合は、動詞の形は主語に合わせます。

7. と同様、答えるときには『Yes.』『No.』を間違いやすいので注意しましょう。

7. との違いは、『Do you mind』の後に『if＋I＋ 動詞 』となるところです。

基本パターン

Do you mind if ＋ I ＋ 動詞 ?

〜してもいい?／Do you mind if I 〜?

基本パターンで言ってみよう!

Do you mind if I open the window?
窓を開けてもいい？

Do you mind if I join you?
参加してもいい？

Do you mind if I change tomorrow's schedule?
明日の予定を変更してもいい？

Do you mind if I call you tonight?
今夜、電話してもいい？

Do you mind if I sit here?
ここに座ってもいい？

Do you mind if I ask your age?
歳を聞いてもいい？

Do you mind if I borrow this book?
この本を借りてもいい？

9 〜したらどうする?

What if 〜?

基本 フレーズ

What if you fail the exam?
試験に落ちたらどうする？

こんなときに使おう!
試験前に…

『What if 〜?』は、「〜したらどうする？」という表現です。
〜には、主語 + 動詞 がきます。
『if 〜』で使われる動詞を未来形にしがちですが、動詞は<u>現在形</u>となるので注意しましょう。

基本パターン

What if + 主語 + 動詞 ?

～したらどうする?／What if ～?

基本パターンで言ってみよう!

What if it rains?
雨が降ったらどうする？

What if she doesn't come?
彼女が来なかったらどうする？

What if we miss the last train?
終電に乗れなかったらどうする？

What if we can't meet the deadline?
締め切りに間に合わなかったらどうする？

What if it's not available?
それが空いていなかったらどうする？

What if you are asked to go out with Tom?
トムと付き合って、って言われたらどうする？

10 〜だといいんだけど

I wish 〜

基本 フレーズ

I wish I were rich.
お金持ちだったらいいんだけど。

こんなときに使おう!
高価な物を買いたいけど、買えないときに…

『I wish 〜』は、「〜だったらいいんだけど」と願望を表す表現です。

現実にはそうではないことを、「そうだったらいいなぁ」と言うときに使う表現です。

〜には、主語 + 動詞 がきます。そのときの動詞は過去形になりますので、注意しましょう。

また、動詞の前にcouldやwouldがくることもあります。その場合は、助動詞の過去形 + 動詞の原形 となります(「基本パターンで言ってみよう！」の最初の例文を参照)。

● 基本パターン ●

I wish ＋ 主語 ＋ 動詞の過去形 .

〜だといいんだけど／I wish 〜

基本パターンで言ってみよう!

I wish I could speak Spanish.
スペイン語をしゃべれたらいいんだけど。
I wish I had a dog.
犬を飼っていたらいいんだけど。
I wish you were here.
君がここにいればいいんだけど。
I wish I were a good singer.
歌が上手だったらいいんだけど。
I wish I had more time to study.
もうちょっと勉強する時間があったらいいんだけど。

応 用

　過去にあったことを「〜していたらよかったよ」と言いたいときには、『I wish』の後の動詞の形は『had＋動詞の過去分詞形』がきます。
I wish I had studied more.
もっと勉強していたらよかったよ。
I wish I had asked his phone number.
彼の電話番号を聞いておけばよかったよ。

11 〜はどうしたの？

What's wrong with 〜?

基本 フレーズ♪

What's wrong with you?
どうしたの？

こんなときに使おう!
様子がおかしい友人に…

『What's wrong with 〜?』は、「〜はどうしたの？」という表現です。
〜には名詞がきます。
『What's wrong?（どうしたの？）』だけでもよく使われます。

● 基本パターン ●

What's wrong with ＋ 名詞 ?

~はどうしたの?／What's wrong with ~?

基本パターンで言ってみよう!

What's wrong with this?
これ、どうしたの？

What's wrong with your mom?
お母さん、どうしたの？

What's wrong with your computer?
コンピュータ、どうしたの？

What's wrong with this VCR?
このビデオデッキ、どうしたの？

ワンポイント 『VCR』ビデオデッキ

What's wrong with your cell phone?
携帯電話、どうしたの？

What's wrong with this printer?
このプリンタ、どうしたの？

What's wrong with our network system?
うちのネットワークシステム、どうしたの？

12 〜はどうするの?

What about 〜?

基本 フレーズ

What about him?
彼はどうするの？

こんなときに使おう!
彼を誘うかどうか相談するときに…

『What about 〜?』は、「〜はどうするの？」という表現です。
〜には、名詞（代名詞や指示代名詞もよくある）がきます。

● 基本パターン ●

What about ＋ 名詞 ?

～はどうするの?／What about ～?

CD 12

😊 基本パターンで言ってみよう!

What about this?
これはどうするの？

What about your homework?
宿題はどうするの？

What about this photo?
この写真はどうするの？

What about my car?
私の車はどうするの？

What about your job?
仕事はどうするの？

What about your wife?
奥さんはどうするの？

⚠ これも知っておこう!

『What about ～?』のもうひとつの使い方として、『How about ～?（～はどう？）』と同じ意味の使い方があります。

What about playing tennis?
テニスをするのはどう？

What about going to Italy?
イタリアに行くのはどう？

13 〜も…だよ

〜 …, too

基本フレーズ

I think so, too.
私もそう思うよ。

こんなときに使おう!
相手の意見に同意するときに…

『〜 …, too』は、「〜も…だ」という表現です。

『too』は、文末につけます。

この『too』は、肯定文のときにしか使えません。

「〜も…ではない」と言うときには、『too』の代わりに『either』を文末につけます（14.参照）。

● 基本パターン ●

文章, + too .

〜も…だよ／〜 …, too

基本パターンで言ってみよう!

I'll take it, too.
私もそれにします。

My friend works for ABC Company, too.
私の友達もABC社に勤めてるよ。

ワンポイント 『work for(at) 〜』〜に勤める

I've wanted to go to the Shinagawa Aquarium, too.
私もずっと品川水族館に行きたかったの。

I saw this movie, too.
私もこの映画を見たよ。

I used to live in Chiba, too.
私も前に、千葉に住んでたよ。

I have a cat, too.
私も猫を飼ってるよ。

14 〜も…じゃないよ

〜 …, either

基本フレーズ

I don't like it, either.
私もそれが好きじゃないよ。

こんなときに使おう！
友人が「○○嫌い！」と言ったときに、自分もそれを嫌いだったら…

『〜 …, either』は、「〜も…ではない」という表現です。
『either』は、文末につけます。
この『either』は、否定文のときにしか使えません。
「〜も…だ」と言うときには、『either』の代わりに『too』を文末につけます（13. 参照）。

基本パターン

文章, + either .

〜も…じゃないよ／〜 …, either

基本パターンで言ってみよう!

I don't think so, either.
僕もそう思わないよ。

I don't agree with that idea, either.
私もその考えに賛成できないよ。

He can't speak French, either.
彼もフランス語を話せないよ。

I don't want to stay home, either.
私も家にいたくないよ。

I don't have small change, either.
私も小銭を持ってないよ。

I didn't go out yesterday, either.
私も昨日外出していないよ。

I haven't tried Mexican food, either.
私もメキシコ料理を食べたことがないよ。

15 〜を！

Have 〜!

基本フレーズ ♪

Have a nice weekend!
よい週末を！

こんなときに使おう！
金曜日の夕方、友達や同僚との別れ際に…

『Have 〜!』は、「〜を！」という表現です。
　〜には、(冠詞＋) 名詞がきます。名詞の前に形容詞がくることもあります。

● 基本パターン ●

Have ＋ a(an) ＋ (形容詞＋)名詞 ！

~を!／Have ～!

基本パターンで言ってみよう!

Have a nice day!
よい1日を！

Have a nice vacation!
よいお休みを！

Have a good time!
楽しんでね（楽しい時間を）！

Have a nice trip!
良い旅を！

Have a safe trip!
安全な旅を（気をつけてね）！

Have fun!
楽しんでね！

Have a relaxing time!
リラックスしたひとときを！

これも知っておこう!

アメリカなどでは、店のレジで支払いをした後、店員が『Have a nice day!』と言います。

そのときには、『Thank you. You, too.（ありがとう。あなたもね）』と返しましょう。

16 なんて～なの!

How ～!

基本フレーズ

How cute!
なんてかわいいの！

こんなときに使おう！
かわいい赤ちゃんを見たときに…

『How ～（ 主語 + 動詞 ）!』は、「なんて～なの！」という表現です。

～には、形容詞や副詞がきます。

正式には『How～ 主語 + 動詞 !』ですが、会話では『 主語 + 動詞 』が省略されて、『How + 形容詞/副詞 !』がよく使われています。

基本パターン

How ＋ 形容詞/副詞 ＋ 主語 ＋ 動詞 !

なんて〜なの!／How 〜!

基本パターンで言ってみよう!

How stupid!
なんてバカなの！

How funny!
なんておもしろいの！

How lovely!
なんて素敵なの！

How exciting!
なんてワクワクするんだろう！

How expensive!
なんて高いの！

How lucky you are!
あなたはなんてラッキーなの！

How cool he is!
彼、なんてかっこいいの！

17 なんて〜なの!

What a(an) 〜!

基本 フレーズ

What a coincidence!
なんて偶然なの！

こんなときに使おう!
友人にバッタリ会ったときに…

『What a(an) 〜（ 主語 + 動詞 ）!』は、16.の『How 〜!』と同様に、「なんて〜なの！」という表現です。

〜には、（形容詞＋）名詞がきます。

正式には、『What a(an) 〜 主語 + 動詞 !』です。

16.との使い分けは、『How 〜!』の〜には 形容詞/副詞 、『What a(an) 〜!』の〜には (形容詞＋)名詞 がくるということです。

また、〜にくる名詞が数えられない名詞や複数の場合は、a(an) はつきません。

基本パターン

What + a(an) + 名詞 + 主語 + 動詞 !

なんて〜なの!／What a(an) 〜!

基本パターンで言ってみよう!

What a beautiful flower!
なんてきれいな花なの！

What a small world!
なんて世間は狭いんだろう！

What a tall building!
なんて高いビルなんだろう！

What a nice gift!
なんて素敵なプレゼントなの！

What a clever monkey!
なんて賢いサルだろう！

What a bad day!
なんてひどい1日なんだ！

18 AじゃなくてB〜だよ

not A, but B 〜

基本 フレーズ

This is not mine, but yours.
これ、私のじゃなくて君のだよ。

こんなときに使おう！

相手の物を自分に渡されたときに…

『not A, but B』は、「AじゃなくてB」という表現です。
A、Bには名詞、形容詞などがきます。

● 基本パターン ●

not ＋ A, ＋ but ＋ B

Aじゃなくて B～だよ／not A, but B ～

基本パターンで言ってみよう!

He is not American, but Canadian.
彼はアメリカ人じゃなくて、カナダ人だよ。

I'm not from Tokyo, but from Osaka.
私は東京出身じゃなくて、大阪出身だよ。

This is not blue, but green.
これは青じゃなくて緑だよ。

Today is not Tuesday, but Wednesday.
今日は火曜日じゃなくて、水曜日だよ。

This is not a phone number, but a fax number.
これは電話番号じゃなくて、ファックス番号だよ。

I'm leaving not tomorrow, but the day after tomorrow.
明日じゃなくてあさって発つんだよ。

They went not to Izu, but to Hakone.
彼らは伊豆じゃなくて、箱根に行ったよ。

19 AだけじゃなくてBも〜だよ

not only A, but also B 〜

基本フレーズ

Not only Misa, **but also** I won't go.
ミサだけじゃなくて私も行かないよ。

こんなときに使おう!
「自分も行かない」ということを言いたいときに…

　『not only A, but also B』は、「AだけじゃなくてBも」という表現です。
　A、Bには名詞、形容詞などがきます。
　また、『also』は省略されることもあります。
　18.と似ているので、間違えないようにしましょう。

● 基本パターン ●

not only ＋ A, ＋ but also ＋ B

AだけじゃなくてBも〜だよ／not only A, but also B 〜

基本パターンで言ってみよう!

I like not only meat, but also fish.
肉だけじゃなくて、魚も好きだよ。

He can speak not only English, but also Spanish.
彼は、英語だけじゃなくてスペイン語も話せるよ。

We went not only to Italy, but also to France.
私達は、イタリアだけじゃなくてフランスにも行ったよ。

I have to study not only chemistry, but also math.
化学だけじゃなくて、数学も勉強しなきゃいけないんだ。

I know not only his cell phone number, but also his email address.
彼の携帯の番号だけじゃなくて、メールアドレスも知ってるよ。

She is not only cute, but also smart.
彼女はかわいいだけじゃなくて、賢いよ。

Why don't we order not only white wine, but also red wine?
白ワインだけじゃなくて赤ワインも頼まない？

20 〜に見えるよ

You look 〜

基本 フレーズ

You look different.
違って見えるよ。

こんなときに使おう！
髪型を変えた友人に…

『You look 〜』は、「〜に見える」という表現です。
〜には形容詞がきます。

● 基本パターン ●

You look ＋ 形容詞 .

〜に見えるよ／You look 〜

基本パターンで言ってみよう!

You look tired.
疲れているみたいだね。

You look young.
若く見えるよ。

You look good.
元気そうだね。

You look so happy.
すごく幸せそうだね。

You look mad.
怒っているみたいだね。

You look excited.
興奮しているみたいだね。

21 …するのは〜だ

It is 〜 to …

基本フレーズ

It is strange to buy such a thing.
そんな物を買うなんておかしいよ。

こんなときに使おう!
「これ買ったんだ!」と変なものを見せる友人に…

『It is 〜 to …』は、「…するのは〜だ」という表現です。

〜には形容詞、…には動詞の原形がきます。

『It is』の『is』を『was』に変えると、「…するのは〜だった」と過去形にすることができます。

また、「○○が…するのは〜だ」と言いたいときは、『It is 〜 for ○○ to …』となります。

●基本パターン●

It is + 形容詞 + to + 動詞の原形 .

…するのは〜だ／It is 〜 to …

基本パターンで言ってみよう!

It is hard to learn Chinese pronunciation.
中国語の発音を身につけるのは難しいね。

It is fun to talk in English.
英語で話すのは楽しいよ。

It is complicated to explain the details.
詳細を説明するのはややこしいよ。

It is important to keep your promise.
約束を守るのが重要だよ。

応用

『It is not 〜 to …』で、「…するのは〜ではない」という意味になります。

また、『It is not so 〜 to …』で、「…するのは、そんなに〜ではない」という意味になります。

It is not easy to lose weight.
痩せるのは簡単じゃないよ。

It is not so easy to get tickets to her concert.
彼女のコンサートのチケットを手に入れるのは、そんなに簡単じゃないよ。

22 〜したい気がする

I feel like 〜ing

基本フレーズ

I feel like drinking coffee.
コーヒーが飲みたい気がするよ。

こんなときに使おう!
「何が飲みたい？」と聞かれたときに…

『I feel like 〜ing』は、「〜したい気がする」と願望を表す表現です。〜には、動詞の原形がきます。

基本パターン

I feel like + 動詞の原形+ing .

～したい気がする／I feel like ～ing

基本パターンで言ってみよう!

I feel like watching a video at home today.
今日は、家でビデオを見たい気がするよ。

I feel like eating Japanese food.
和食が食べたい気がするよ。

I feel like going shopping this weekend.
今週末は、ショッピングに行きたい気がするよ。

I feel like taking a walk.
散歩したい気がするよ。

ワンポイント 『take a walk』散歩する

応 用

『I don't feel like ～ing』で、「～したくない」という意味になります。～には、動詞の原形がきます。

I don't feel like eating.
食べたくないよ。

I don't feel like talking to anyone now.
今は、誰とも話したくないよ。

I これが言いたかった！ ＋αパターン38

23 ～には慣れているよ

I'm used to ～ing

基本フレーズ

I'm used to getting up early.
早起きには慣れているよ。

こんなときに使おう!
「明日の朝、早起きするのが大変だね」と言う相手に…

『I'm used to ～ing』は、「～に慣れている」という表現です。
～には、動詞の原形がきます。
同様に、『I'm used to ＋ 名詞 』でも表現できます。

基本パターン

I'm used to ＋ 動詞の原形＋ing .

　　　　　　　　　　名詞 .

〜には慣れているよ／I'm used to 〜ing

😊 基本パターンで言ってみよう!

I'm used to living alone.
一人暮らしには慣れているよ。

I'm used to cooking.
料理には慣れているよ。

I'm used to staying up late at night.
夜更かしするのは慣れているよ。

I'm used to driving on the expressway.
高速道路を運転するのは慣れているよ。

I'm used to it.
それには慣れているよ。

⚠ これも知っておこう!

「〜に慣れた」と言いたい場合は、『I got used to 〜』と言います。

I got used to living alone.
一人暮らしには慣れたよ。

I got used to my new job.
新しい仕事には慣れたよ。

24 〜するだけだよ

I just 〜

基本フレーズ

I just wanted to let you know.
ただ知らせたかっただけだよ。

こんなときに使おう!
ちょっとしたことを電話で知らせるときに…

『I just 〜』は、「ただ〜する（した）だけだよ」という表現です。〜には動詞がきます。

基本パターン

I just ＋ 動詞 .

~するだけだよ／I just ~

基本パターンで言ってみよう!

I just want to talk to her.
ただ、彼女と話したいだけだよ。

I just installed this software.
このソフトをインストールしただけだよ。

I just wanted to make sure you had read my email.
私のメールを見たかどうか、確かめたかっただけだよ。

I just pushed this button.
このボタンを押しただけだよ。

これも知っておこう!

『Just ~』は、「ちょっと~してよ」「まぁ~してよ」という表現になります。

Just try it.
ちょっとやってみなよ。

Just think about it.
まぁ、考えてみて。

25 〜が一番…だよ

〜 be動詞 ＋the＋ 形容詞の最上級

基本フレーズ

I'm the youngest.
私が一番年下です。

こんなときに使おう!
兄弟の構成を聞かれたときに…

『 主語 ＋ be動詞 ＋the＋ 形容詞の最上級 』は、「〜が一番…だ」という表現です。

形容詞によっては、『the＋形容詞の最上級』ではなく、『the most＋形容詞の原級』となります（important、expensive、difficultなど）。

『the＋形容詞の最上級』の後に、名詞がつながることもよくあります。

基本パターン

主語 ＋ be動詞 ＋ the ＋ 形容詞の最上級 .

～が一番…だよ／～ be動詞＋the＋形容詞の最上級

CD 25

😊 基本パターンで言ってみよう!

He is the tallest in my class.
彼が私のクラスで一番背が高いよ。

This is the cheapest.
これが一番安いよ。

This is the smallest size.
これが一番小さいサイズです。

This is the most popular singer.
これが一番人気のある歌手です。

That's the most famous restaurant around here.
あれがこの辺では一番有名なレストランだよ。

応 用

　be動詞の代わりに、一般動詞や 助動詞 ＋ 動詞の原形 でも使えます。そのときには、副詞の最上級となります。副詞の最上級の場合は、前の『the』がつかないことが多いです。

He speaks English the best of all.
みんなの中で、彼が一番英語を話せるよ。

26 AもBも〜だよ

Both A and B 〜

基本フレーズ 🎵

Both he **and** I are over thirty.
彼も私も30歳を越えてるよ。

こんなときに使おう!
友達と一緒にいるときに、友達と自分の歳を聞かれて…

『Both A and B 〜』は、「AもBも〜だ」という表現です。
〜には、動詞がきます（助動詞 + 動詞の原形 も可能です）。

Both A and B ＝ WeまたはTheyになるので、動詞の形は主語がWeやTheyのときの形になります（たとえば、「行く」という動詞の現在形であれば、『goes』ではなく『go』)。

● 基本パターン ●

　　　　Both A and B ＋ 動詞 ．

AもBも〜だよ／Both A and B 〜

基本パターンで言ってみよう!

Both Tom **and** I finished work.
トムも私も仕事が終わったよ。

Both my husband **and** I have never been to Okinawa.
夫も私も沖縄に行ったことがないの。

Both my sister **and** I graduated from the same high school.
姉(妹)も私も同じ高校を卒業したよ。

ワンポイント 『graduate from 〜』〜を卒業する

Both Jane **and** Bob saw that movie.
ジェーンもボブもその映画を見たよ。

応 用

『both A and B』は、文頭だけではなく、文の途中でも使えます。

I like **both** English **and** math.
英語も数学も好きだよ。

I decided to go to **both** Italy **and** France.
イタリアにもフランスにも行くことにしたよ。

27 AかBが〜だよ

Either A or B 〜

基本フレーズ ♪

Either he **or** I will go with you.
彼か私が一緒に行くよ。

こんなときに使おう!
「誰が一緒に行ってくれるの?」と聞かれて…

『Either A or B 〜』は、「AかBが〜だ」という表現です。
〜には、動詞がきます（ 助動詞 ＋ 動詞の原形 も可能です）。
動詞はBに合わせます（たとえば、「行く」という動詞の現在形で、B＝私、あなたであれば『go』、B＝彼、彼女であれば『goes』）。

● 基本パターン ●

Either A or B ＋ 動詞（Bに合わせる) .

AかBが〜だよ／Either A or B 〜

基本パターンで言ってみよう!

Either A or B is correct.
AかBが正しいよ。

Either she or you have to do that.
彼女か君がそれをやらなきゃいけないよ。

Either Keiko or I will pick you up.
ケイコか私が迎えに行くよ。

Either my sister or I cook dinner.
姉（妹）か私が夕食を作っているの。

応用

1. 『either』は、文頭だけではなく、文の途中でも使えます。

I'll travel to either Canada or Australia this summer.
今年の夏は、カナダかオーストラリアを旅行するつもりだよ。

2. 『either』を使った『Either one is OK.（どちらでもOKだよ）』という表現を覚えておくと、とても便利です。

28 AもBも〜じゃないよ

Neither A nor B 〜

基本 フレーズ

Neither she **nor** I have any children.
彼女も私も子供はいないよ。

こんなときに使おう!
「2人とも、子供はいるの？」と聞かれて…

『Neither A nor B 〜』は、「AもBも〜でない」という表現です。
〜には、動詞がきます（助動詞 + 動詞の原形 も可能です）。

動詞はBに合わせます（たとえば、「行く」という動詞の現在形で、B＝私、あなたであれば『go』、B＝彼、彼女であれば『goes』）。

日本語訳は「AもBも〜ではない」ですが、動詞は否定形ではなく、肯定形になることに注意しましょう！ 『Neither』に「〜ない」という否定の意味が含まれていると覚えてください。

● 基本パターン ●

Neither A nor B ＋ 動詞（Bに合わせる）．

AもBも〜じゃないよ／Neither A nor B 〜

基本パターンで言ってみよう!

Neither Yumi **nor** Mika is married.
ユミもミカも、結婚してないよ。
Neither she **nor** I live in Tokyo.
彼女も私も、東京に住んでいないよ。
Neither my wife **nor** I have been to the U.S.
妻も私も、アメリカに行ったことはないよ。
Neither Tomo **nor** I called you.
トモも私も、君に電話してないよ。

これも知っておこう!

　相手が否定的なことを述べたのに対して、自分も賛同したい場合、『I am not hungry.（おなかがすいてないよ）』と言われて「私も」と言う場合は、『Neither am I.』と言います。相手が使った動詞がbe動詞（現在形）のときには、『Neither am I.』、一般動詞（現在形）の場合は、『Neither do I.』となります。

29 それが、私が〜する(した)ことだよ

That's what I 〜

基本 フレーズ 🎵

That's what I thought.
それが、私が思ったことだよ。

こんなときに使おう!
相手が自分の思っていたことを言ったときに…

『That's what I 〜』は、「それが、私が〜する（した）ことだよ」という表現です。

自分が考えていたことを、相手がずばり言ってきたときなどに使える表現です。基本フレーズの『That's what I thought.』は、「やっぱり？」のようなニュアンスです。

〜には動詞がきます。

● 基本パターン ●

That's what + I + 動詞 .

それが、私が～する(した)ことだよ／That's what I～

基本パターンで言ってみよう!

That's what I mean.
それが、私が意味してることだよ。

That's what I want.
それが、私がほしいものだよ。

That's what I want to say.
それが、私が言いたいことだよ。

That's what I did.
それが、私がやったことだよ。

That's what I told her.
それが、私が彼女に言ったことだよ。

That's what I'm thinking.
それが、私が考えていることだよ。

That's what I'm going to do.
それが、私がしようとしていることだよ。

30 ～になった

I got ～

基本フレーズ

I got tired.
疲れたよ。

こんなときに使おう!
「何かをして疲れた」と言いたいときに…

『I got ～』は、「～になった」という表現です。
「何かをして、～の状態になった」というときに使います。
～には形容詞がきます。

基本パターン

I got ＋ 形容詞 .

〜になった／I got 〜

😊 基本パターンで言ってみよう!

I got wet.
ぬれちゃったよ。
I got nervous.
緊張したよ。
I got excited.
興奮したよ。
I got mad.
怒ったよ。
I got upset.
混乱したよ。
I got pregnant.
妊娠したの。

⚠️ これも知っておこう!

「〜になる」という英語に『become』がありますが、『get』は一時的にある状態になるときに使い、『become』は『I became a doctor.（私は医者になった）』のように、永続的な場合に使います。

31 ～をどうぞ

Here's ～

基本フレーズ

Here's the menu.
メニューをどうぞ。

こんなときに使おう!
レストランでウェイターが…

『Here's ～』は、「～をどうぞ」「こちらが～です」という表現です。
～には名詞がきます。
何かを手渡すときに使う表現です。
単に何かを指して「こちらが～です」と言う場合は、『This is ～』を使います。

基本パターン

Here's ＋ 名詞 ．

~をどうぞ／Here's ~

基本パターンで言ってみよう!

Here's my email address.
私のメールアドレスだよ。

Here's her phone number.
彼女の電話番号だよ。

Here's my business card.
私の名刺です。

Here's your room key.
こちらがお部屋の鍵です。

Here's a city map.
街の地図をどうぞ。

Here's your change.
おつりです。

32 残念だけど(申し訳ありませんが)～

I'm afraid ～

基本フレーズ

I'm afraid he is out now.
申し訳ありませんが、彼は今、外出しています。

こんなときに使おう!
電話に応対するときに…

『I'm afraid ～』は、「残念ですが～」「すみませんが～」という表現です。
～には、主語 + 動詞 がきます。

● 基本パターン ●

I'm afraid ＋ 主語 ＋ 動詞 .

残念だけど(申し訳ありませんが)〜／I'm afraid 〜

基本パターンで言ってみよう!

I'm afraid I can't agree with you.
残念だけど、君に賛成できないよ。

I'm afraid I can't make it.
残念だけど、都合がつかないよ。

I'm afraid I have to work overtime today.
残念だけど、今日は残業しなきゃいけないの。

ワンポイント 『work overtime』残業する

I'm afraid I didn't catch what you said.
申し訳ないのですが、あなたが言ったことが聞き取れませんでした。

これも知っておこう!

何か質問されたときに、『I'm afraid so.』や『I'm afraid not.』などと答えます。

Are you late? ----- I'm afraid so.
遅れるの? …どうもそのようだよ。

Are you on time? ----- I'm afraid not.
間に合うの? …申し訳ないけど間に合わないよ。

33 ～の前に

in front of ～

基本フレーズ

There is a post office in front of that building.
あのビルの前に郵便局があるよ。

こんなときに使おう!
場所を教えるときに…

『in front of ～』は、「～の前に」という表現です。
～には名詞がきます。名詞の前に、形容詞などの修飾語をつけることもできます。

基本パターン

in front of ＋ 名詞

〜の前に／in front of 〜

基本パターンで言ってみよう!

There is a convenience store in front of the office.
会社の前にコンビニがあるよ。

You can find it in front of the station.
それは駅の前にあるよ。

Let's meet in front of the ticket gate.
改札の前で会おう。

I'll wait for you in front of the flower shop at the corner.
角にある花屋の前で待ってるね。

> ワンポイント 『wait for 〜』〜を待つ

I met her in front of the book store over there.
あそこの本屋の前で彼女に会ったよ。

I want to go to the movie theater in front of the ABC Department Store.
ABCデパートの前の映画館に行きたいな。

34 できるだけ〜

as 〜 as possible

基本フレーズ

Please let me know as soon as possible.
できるだけ早く知らせてください。

こんなときに使おう！
相手から早く連絡をもらいたいときに…

『as 〜 as possible』は、「できるだけ〜」という表現です。
〜には形容詞または副詞がきます。
また、形容詞＋名詞がくることもあります。

基本パターン

文章 ＋ as ＋ 形容詞／副詞／形容詞＋名詞 ＋ as possible ．

できるだけ〜／as 〜 as possible

基本パターンで言ってみよう!

Can you email me back as soon as possible?
できるだけ早くメールの返信をもらえる？

I'll try to get up as early as possible.
できるだけ早く起きるようにするよ。

I'll try to read as many books as possible.
できるだけ多くの本を読むようにするよ。

I need as much money as possible.
できるだけ多くのお金が必要なんだ。

これも知っておこう!

『as 〜 as possible』は、『as 〜 as ＋ 主語 ＋ can』に置き換えることができます。

I'll let you know as soon as I can.
できるだけ早く知らせるよ。

Will you email me back as soon as you can?
できるだけ早くメールの返信をもらえる？

35 〜のしかた

how to 〜

基本 フレーズ

Could you tell me how to get to the museum?
美術館への行き方を教えていただけませんか？

こんなときに使おう!
美術館にどうやって行くかを聞きたいときに…
＊museumは博物館でもあります。

『how to 〜』は、「〜のしかた」「どうやって〜するのか」という表現です。

〜には、動詞の原形がきます。

● 基本パターン ●

how to ＋ 動詞の原形

〜のしかた／how to 〜

基本パターンで言ってみよう!

I don't know how to express my feelings.
私の感情をどうやって表現したらいいのか分からないよ。

Please tell me how to pronounce this word.
この言葉をどうやって発音するのか教えてください。

Do you know how to cook beef stew?
ビーフシチューの作り方を知ってる？

Don't you know how to use this machine?
この機械の使い方を知ってるんじゃないの？

He will tell you how to install this software.
彼がこのソフトのインストールのしかたを教えてくれるよ。

これも知っておこう!

『how to 〜』以外にも、『what to 〜（何を〜したらいいか）』『where to 〜（どこで〜したらいいか）』などがあります。

I didn't know what to do.
どうしたらいいのか分からなかったよ。

I didn't know where to meet him.
どこで彼に会えばいいのか分からなかったよ。

36 ちょっと〜

kind of 〜

基本フレーズ ♪

It's kind of funny.
ちょっとおもしろいよ。

こんなときに使おう!
まぁまぁおもしろいときに…

　『kind of 〜』は、「ちょっと〜」「どちらかというと〜」という表現です。

　はっきりとは言えないけれど、「まぁこんな感じ」というようなニュアンスです。

　〜には形容詞がきます。

　『kind』の前には『a』はつきませんので、注意しましょう!

　(『a kind of 〜』だと、「一種の〜」という意味になります)

● 基本パターン ●

kind of ＋ 形容詞

ちょっと〜／kind of 〜

😊 基本パターンで言ってみよう!

It's kind of boring.
ちょっとつまらないよ。

It's kind of hard.
ちょっと難しいよ。

It's kind of complicated.
ちょっとややこしいよ。

It's kind of cheap.
ちょっと安いね。

She's kind of cute.
彼女は、ちょっとかわいいね。

He's kind of mean.
彼は、ちょっと意地悪だね。

⚠ これも知っておこう!

『kind of』は、「カインダ」のように発音されることもあります。

37 〜みたいな

like 〜

基本フレーズ

It smells like fish.
魚みたいなにおいがするね。

こんなときに使おう!
魚のにおいがしたときに…

『like 〜』は、「〜みたいな」「〜のような」という表現です。
〜には名詞がきます。

● 基本パターン ●

like ＋ 名詞

～みたいな／like ～

基本パターンで言ってみよう!

Do you want a bag like this?
こんなバッグがほしいの？

I want to speak English fluently like you.
君みたいに流暢に英語を話したいよ。

It sounds like Korean.
韓国語みたいだね（韓国語みたいに聞こえるね）。

I like a sitcom like "Friends."
「フレンズ」みたいな連続ホームコメディが好きだよ。

> **ワンポイント** 『sitcom』は、situation comedyの略。「フレンズ」「フルハウス」など、同じ登場人物が違ったエピソードを取り扱う連続ホームコメディのこと。

Have you ever heard of a story like this?
こんな話を聞いたことがある？

I want to be a singer like Ken Hirai.
平井堅みたいな歌手になりたいよ。

38 〜は何でも

whatever 〜

基本フレーズ

Take whatever you like.
どれでも好きなものをとって。

こんなときに使おう!
いくつかある中から好きなものを選んでもらうときに…

『whatever 〜』は、「〜なものは何でも」という表現です。
〜には、主語 + 動詞 がきます。
『whatever』は、『anything that』に置き換えられます。
「何がいい？」と聞かれて、「何でもいいよ」と言いたいときには、『Whatever.』だけでOKです。

● 基本パターン ●

whatever + 主語 + 動詞

～は何でも／whatever ～

CD 38

基本パターンで言ってみよう!

I'll follow whatever you say.
君が言うことは何でも従うよ。
I'll give you whatever you want.
君がほしいものは何でもあげるよ。

応 用

『whatever』のほかにも、次のようなものがあります。

●wherever ～（～はどこでも）
　I'll go wherever you go.
　君が行くところならどこでも行くよ。

●whenever ～（～はいつでも）
　Call me whenever you want to.
　いつでも電話してね。

●whoever ～（～は誰でも ［＝anyone who］）
　I want to help whoever studies Japanese.
　日本語を勉強している人は誰でも助けてあげたいよ。
　※『whoever ～』の～にくるのは動詞だけ。主語は不要です。
　　『anyone who』と同じです。

Ⅰ これが言いたかった！ ＋αパターン38

コラム 1　受動態について

　「AがBを〜する」という文は「能動態」と言い、反対に「Bが（Aによって）〜される」という文を「受動態」と言います（例：能動態…「父がこの家を建てた」、受動態…「この家は父によって建てられた」）。
　では、能動態から受動態を作ってみましょう。

能動態：

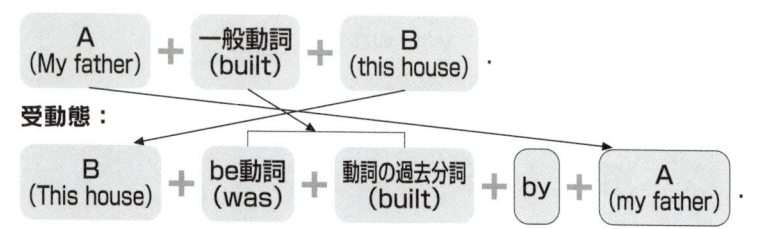

A (My father) + 一般動詞 (built) + B (this house).

受動態：

B (This house) + be動詞 (was) + 動詞の過去分詞 (built) + by + A (my father).

　学校の教科書にある「私は彼に愛されている」というような文は、実際の会話ではあまり使われていません。
　実際には、能動態がよく使われますが、受動態を使うことにより、間接的な言い回しにできる効果があります。
　また、最後の『by 〜』はよく省略されます。

|基本パターンで言ってみよう！|

□**This shirt was made in Italy.**（このシャツはイタリア製です）
□**She was invited to his wedding party.**（彼女は彼の結婚パーティに招かれました）
□**This book is written in English.**（この本は英語で書かれています）
□**This is made of wood.**（これは木でできています）
□**That mountain is covered with snow.**（あの山は雪で覆われています）
□**It was released on October 15.**（10月15日に発売されました）

Part I

マンガで分かる!
72パターンと+α38パターンは
こう使う

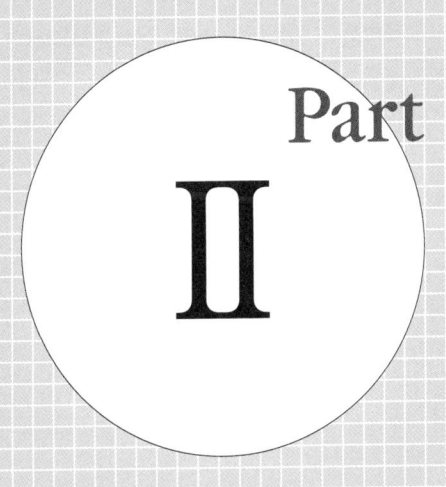

Part II

1 飛行機で①…席を教えてもらう

A: **Excuse me, where is** my seat?
（すみません、私の席はどこですか？）

B: **May I** see your boarding pass?
（搭乗券を拝見できますか？）

バリエーション

○ **Let me** see your boarding pass.
（搭乗券を見せてください）

飛行機で①…席を教えてもらう

CD 40

B: **It's** the fifth seat in this row.
（この列の5番目です）

バリエーション
○ **It's in front of** the big screen over there.
（あそこの大きいスクリーンの前ですよ）

A: **Thank you.**
（ありがとう）

バリエーション
○ Thanks.
（ありがとう）
※"Thank you."よりカジュアルな言い方です。

2 飛行機で②…機内食

A: **Which would you like, chicken or beef?**
（鶏肉と牛肉、どちらがよろしいですか？）
16, 24

B: **I'd like beef.**
（牛肉がいいです）
22

バリエーション

○ I don't **feel like** eating.
（食べたくありません）
22

飛行機で②…機内食

A: Here you go. Would you like a drink?
（はい、どうぞ。お飲み物はいかがですか？）

24

ワンポイント

"Here you go." は "Here you are." と同じように、よく使われます。

B: Can I have some water?
（水をもらえますか？）

11

バリエーション

○ I'd like white wine.
（白ワインをいただきたいです）

22

○ No, thank you.
（いいえ、結構です）

33

3 飛行機で③…気分が悪くなった

A: **I'm feeling** sick. **I'm getting** airsick.
Do you have any medicine?
（気分が悪いんです。飛行機に酔いました。薬はないですか？）

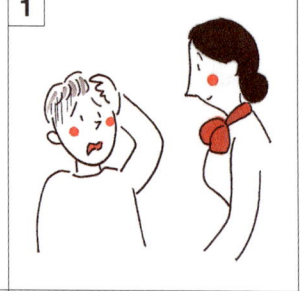

B: **Yes, we do. Are you** OK?
（ありますよ。大丈夫ですか？）

飛行機で③…気分が悪くなった

CD 42

A: **I think I might** feel better **if** I get some sleep.
May I have a blanket, **too**?
（眠ればよくなると思います。毛布もいただけますか？） 29, 42, 71, 50　13

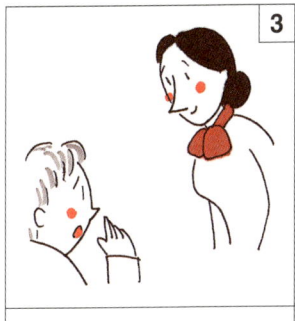

B: Certainly.
I'll be right back. 5
（かしこまりました。すぐにまいります）

Ⅱ マンガで分かる！72パターンと＋α 38パターンはこう使う

105

4 飛行機で④…手荷物がなくなった

A: **My baggage didn't come out.**
（私の荷物が出てこないのですが）
7

バリエーション

○ One of my bags didn't come out.
（私のカバンのうちの1つが出てこないのですが）
7

○ My baggage hasn't arrived yet.
（私の荷物がまだ届いていないのですが）
8

B: **What is it like?**
（荷物はどんな感じですか？）
60

飛行機で④…手荷物がなくなった

A: **It's a black suitcase.**
（黒のスーツケースです）

B: **We'll let you know as soon as we find it. Could you fill out this form?**
（見つけ次第、ご連絡します。この用紙に記入していただけますか？）

> **ワンポイント**
>
> "as soon as + 主語 + 動詞" で、「～が…するとすぐに」という表現になります。

5 入国審査で

A: **What's the purpose of your visit?**
（旅行の目的は何ですか？）

B: **Sightseeing.**
（観光です）

> ワンポイント

正式には、"I'm here for sightseeing." です。

仕事の場合は "(I'm here on) Business." と答えます。

入国審査で

A: **How long are you staying?**
（どのくらい滞在されますか？）
21, 4

バリエーション

○ **How long are you going to** stay?
（どのくらい滞在されますか？）
21, 6

B: **I'll stay here for a week.**
（1週間滞在します）
5

バリエーション

○ **I'm staying** here for a week.
（1週間滞在します）
4

○ **I'll be** here for a week.
（1週間います）
5

6 税関で

A: **Do you have anything to declare?**
(何か申告するものはありますか？)

B: **No, nothing.**
(いいえ、何もありません)

バリエーション

○ **No, I don't have anything.**
(いいえ、何もありません)

税関で

A: **What's** inside of this bag?
(このカバンの中身は何ですか？)

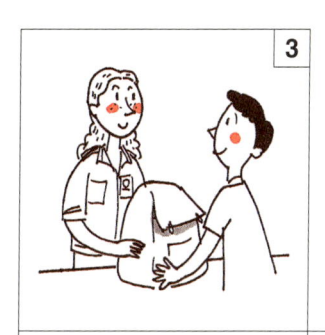

B: **Just** my personal belongings.
(身の回り品だけです)

7 両替をする

A: **I'd like to** change yen to dollars.
（円をドルに両替していただきたいのですが）
23

バリエーション

○ **Can you** change this into dollars?
（これをドルに替えてもらえますか?）
11

○ **I'd like to** exchange yen for dollars.
（円をドルに両替していただきたいのですが）
23

○ **What is** the exchange rate today?
（今日の為替レートはいくらですか?）
15

B: **How would you like** it?
（内訳はどのようにしますか?）
21, 24

両替をする

A: **I'd like** ten twenties, five tens, and twenty ones.
（20ドル札を10枚、10ドル札を5枚、1ドル札を20枚にしてください）

バリエーション

○ Can I have ten fifties and five twenties?
（50ドル札を10枚と20ドル札を5枚にしてもらえますか？）

B: **Just** a moment, **please**.
（少々お待ちください）

8 ホテル①…チェックイン

A: **I have** a reservation. My name is Tanaka.
（予約している田中です）

バリエーション
○ **Is it OK if** I check in now?
（今チェックインしてもいいですか？）

B: OK, Mr. Tanaka.
You're staying for three nights.
Is that right?
Your room is 725.
（田中様、3泊のご予定ですね？
お部屋は725号室です）

ホテル①…チェックイン

A: **Thank you. What time is check out?**
（ありがとう。チェックアウトは何時ですか？）

33, 64

バリエーション

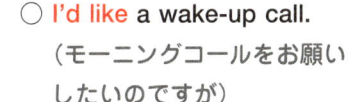

○ **I'd like** a wake-up call.
（モーニングコールをお願いしたいのですが）

22

○ **What time** do you start to serve breakfast?
（朝食は何時からですか？）

64

○ **Where can I** have breakfast?
（朝食はどこで食べられますか？）

19, 11

B: **It's** at ten.
（10時です）

1

9 ホテル②…トラブル

A: **Hello, this is room 725.**
（もしもし、725号室ですが）

B: **How can I help you?**
（いかがいたしましょうか？）

バリエーション

○ What can I do for you?
（いかがいたしましょうか？）

ホテル②…トラブル

A: **The toilet doesn't flush.**
（トイレが流れません）

バリエーション

○ The hot water isn't running.
（お湯が出ません）

○ The air conditioner doesn't work.
（エアコンが壊れています）

○ I locked my key in my room.
（部屋にカギを置き忘れました）

B: **I'll send someone to your room right now.**
（すぐに係の者を伺わせます）

10 ホテル③…チェックアウト

A: **I'd like to check out, please.**
（チェックアウトしたいのですが） 23, 47

B: **How would you like to pay?**
（お支払いはどうされますか？） 21, 25

バリエーション

○ Did you have anything from the minibar? 7
（ミニバーのご利用はありますか？）

ホテル③…チェックアウト

A: **I'd like to** pay by credit card.
What is this charge?
23, 15
（クレジットカードで支払います。これは何の料金ですか？）

バリエーション

○ **I had** nothing from the minibar.
（ミニバーは利用していません）7

○ **I didn't order** room service.
（ルームサービスは頼んでいません）7

○ **I didn't make** any international calls.
（国際電話はかけていません）7

B: **Let me** check it.
（確認させてください）32

Ⅱ　マンガで分かる！72パターンと＋α38パターンはこう使う

11 買い物①…商品について話す

A: **May I** help you?
（いらっしゃいませ）
50

バリエーション
○ **How can I** help you?
（いらっしゃいませ）
21, 11

B: **I'm looking** for a purse.
（財布を探しているんです）
4

バリエーション
○ **Just** looking.
（見ているだけです）
24

買い物①…商品について話す

A: **How about** this?
（こちらはいかがですか？）

バリエーション

○ **I recommend** this.
（これがお勧めですよ）

○ **This is** very new.
（これは最新作です）

B: **Do you have** a different color?
（違う色はありますか？）

バリエーション

○ **I prefer** black.
（黒がいいのですが）

○ **I don't like** the design.
（デザインが好きではありません）

12 買い物②…試着する

A: **May I try on this shirt?**
（このシャツを試着してもいいですか？）
50

バリエーション

○ **May I** try this on?
（これを試着してもいいですか？）
50
※通常、try on ～ となりますが、this や that などの指示代名詞がきた場合は、語順が try ～ on となります。

○ **Can I** try this on?
（これを試着できますか？）
11

B: **Sure. This way, please.**
（もちろんです。こちらへどうぞ）
47

バリエーション

○ **I'm afraid you can't** try on our T-shirts.
32 11
（申し訳ありませんが、Tシャツはご試着できません）

買い物②…試着する

A: **I think** this seam **is supposed to** be here.
（この縫い目がここにくるはずだと思うんだけど）
29, 40

バリエーション

○ This is too big for me.
（私には大きすぎるわ）
1, 37

B: **Would you like to** try **a smaller** size?
（小さいサイズを試されますか？）
25, 72

バリエーション

○ We have a smaller size.
（小さいサイズもありますよ）
3, 72

○ You can try extra small if you like.
（よろしければ、XSを試着できますよ）
11, 71

13 買い物③…支払い

A: **I'll take this.**
　（これにします）

バリエーション

○ **Could you** gift wrap this?
　（プレゼント用に包んでいただけますか？）

B: **Thank you. Cash or charge?**
　（ありがとうございます。お支払いは現金ですか？　カードですか？）

買い物③…支払い

A: **Can I** use traveler's checks?
（トラベラーズチェックは使えますか？）
11

バリエーション

○ **I'll** pay in cash.
（現金で支払います）
5

○ **Can you** take VISA?
（VISAカードは使えますか？）
11

B: **Sure. May I** see your passport?
（はい。パスポートを拝見できますか？）
50

バリエーション

○ **I'm sorry, we can't** accept traveler's checks.
（申し訳ありませんが、トラベラーズチェックは取り扱っていません）
34, 11

Ⅱ　マンガで分かる！72パターンと+α 38パターンはこう使う

14 買い物④…返品する

A: **I'd like to** return this.
（これを返品したいのですが）
23

バリエーション

○ **Can I** return this?
（これを返品できますか？）
11

B: **Sure. Is there** something **wrong?**
（はい。どこか不具合がありますか？）
14

バリエーション

○ **I'm afraid** you can't **because** it was on sale.
（申し訳ございませんが、セール品のため、返品できません）
32 69

買い物④…返品する

A: **It won't work.**
（動かないんです）

ワンポイント

"work" は、「働く」という意味以外に「機能する、作動する」という意味でよく使われています。

B: **Won't it? Let me check.**
（そうですか？　確認しましょう）

バリエーション

○ **Would you like** a refund?
（返金をご希望ですか？）

○ **Would you like to** exchange it?
（交換されますか？）

15 レストラン①…店に入る

A: **Do you have** a table for four?
(4名ですが、空いていますか？)
3

バリエーション

○ **I have** a reservation for Tanaka.
(予約をしている田中です)
3

B: **Yes, would you like** smoking or non-smoking?
(はい、喫煙席と禁煙席とどちらがよろしいですか？)
24

バリエーション

○ **I'm sorry,** but **we don't have** any tables right now.
34, 3
(申し訳ございませんが、ただいま満席です)

○ **Would you like to** sit by the window?
(窓際の席がよろしいですか？)
25

レストラン①…店に入る

A: **Non-smoking, please.**
（禁煙席をお願いします）

B: **This way, please.**
   ...Here is the menu.
（こちらへどうぞ。
…メニューをどうぞ）

16 レストラン②…注文する

A: **Are you** ready to order?
（ご注文はお決まりですか？）

バリエーション

○ **May I** take your order?
（注文を伺ってもよろしいですか？）

B: **Yes, I'll** have the lunch special.
（ええ、「ランチスペシャル」にします）

バリエーション

○ **I need** some more time.
（もう少し時間をください）

○ **I haven't decided** yet.
（まだ決まっていません）

○ **What** do you recommend?
（何がお勧めですか？）

レストラン②…注文する

A: **OK... What kind of dressing would you like?
We have** Italian, French, Thousand Island, and Ranch.

54, 24, 3

(かしこまりました…。どのドレッシングがよろしいですか？　イタリアン、フレンチ、サウザンアイランド、ランチがありますが）

バリエーション

○ How would you like your steak?
（ステーキの焼き加減はどうなさいますか？）

21, 24

B: **I'll take Italian.**
（イタリアンにします）

5

バリエーション

○ What's "Ranch" like?
（「ランチ」ってどんなものですか？）

60

17 ファーストフード店で注文する①

A: **Next.**
(次の方どうぞ)

B: **I'll have a cheeseburger and an orange juice.**
(チーズバーガー1つとオレンジジュース1つください)

バリエーション

○ **Can I** have a cheeseburger and an orange juice?
(チーズバーガー1つとオレンジジュース1つもらえますか？)

ファーストフード店で注文する①

CD 56

A: **Which size would you like?**
（[オレンジジュースは]どのサイズにしますか？） 16, 24

B: **Medium, please.**
（Mサイズをお願いします） 47

ワンポイント

日本語では、「S・M・L」と言いますが、英語では、"Small, Medium, Large"と言います。

18 ファーストフード店で注文する②

(ファーストフード店で注文したら…)
A: Anything else?
　(他にはよろしいですか？)

バリエーション

○ **Will that** be all?
　(以上でよろしいですか？)

B: No, that's it.
　(いいえ、それだけです)

バリエーション

○ **I'll** also take French fries.
　(フライドポテトもください)
　※フライドポテトは、"French fries"と言います。

ファーストフード店で注文する②

A: **For here or to go?**
（こちらでお召し上がりですか？　それともお持ち帰りですか？）

ワンポイント

実際には、最初の"For"がほとんど聞こえません。知らなければ、何を言っているのか分からない表現のひとつです。

B: **For here, please.**
（ここで食べます）

ワンポイント

日本語では、持ち帰ることを「テイクアウト」と言いますが、英語では、"To go."と言いましょう。

19 写真をとってもらう

A: **Excuse me, could you take our picture?**
（すみません、写真をとっていただけますか？）

B: **Sure.**
（いいですよ）

写真をとってもらう

A: **Just push this button.**
（このボタンを押すだけです）

バリエーション

○ **It focuses** automatically.
（自動でピントが合います）

B: **All right.**
（分かりました）

バリエーション

○ **Would you like me to** get that mountain in?
（あの山を入れますか？）

20 道を教える①…場所を教える

A: **Excuse me, where is the post office?**
(すみません、郵便局はどこですか？)

バリエーション

○ **Could you** tell me the way to the post office?
(郵便局への行き方を教えていただけますか？)

○ **Could you** tell me where the post office is?
(郵便局がどこにあるか教えていただけますか？)

※where の後の語順は、主語 + 動詞 の順になります。

B: **It's in front of that tall building.**
(あの高いビルの前にありますよ)

バリエーション

○ **I'm** a stranger around here.
(この辺は詳しくないんです)

道を教える①…場所を教える

A: **Thank you** very much.
（どうもありがとう）

B: **You're** welcome.
（どういたしまして）

バリエーション
○ **It's** my pleasure.
（どういたしまして）

21 道を教える②
…目的地までの距離や時間を教える

A: I want to go to the city hall, but is it far from here?
(市役所に行きたいのですが、ここから遠いですか？)

バリエーション

○ **How far** is it from here to the city hall?
(ここから市役所までどのくらいですか？)

**B: No, it's very close.
You can walk from here.**
(いいえ、すごく近いですよ。ここから歩けます)

バリエーション

○ Yeah... it's **kind of** far.
(ええ…ちょっと遠いですね)

○ Yes, **it's too** far **to** walk there.
(ええ、遠すぎるので歩けませんよ)

道を教える②…目的地までの距離や時間を教える

A: **How long does it take?**
（どれくらいかかりますか？）
21, 3

バリエーション

○ **How far** is it?
（どれくらい遠いですか？）
21

B: **It takes about five minutes, I guess.**
（5分くらいだと思います）
3

バリエーション

○ **It's** two blocks away.
（2ブロック先です）
1

※ "How far is it?" に対する答えですが、"How long does it take?" の答えとして使うネイティブもいます。

コラム 2　CD 61

道案内のしかた

あなたが★にいるとします。道案内をしてみましょう。

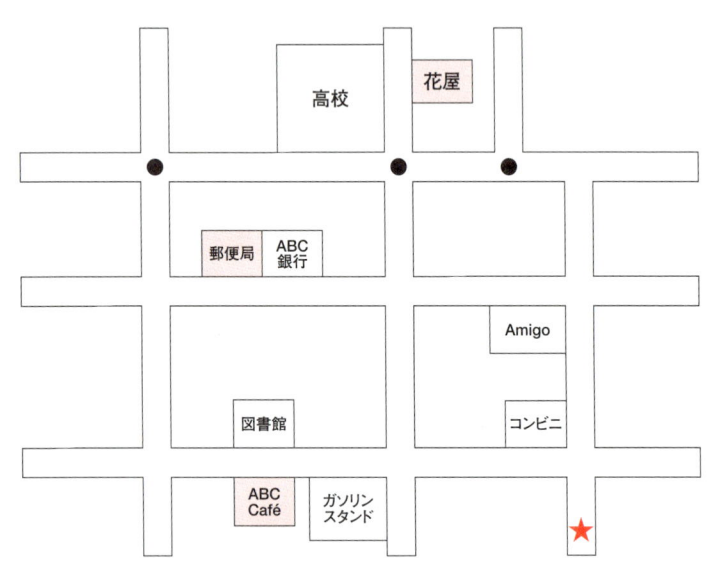

●は信号

◇郵便局までの道順を教えましょう。

Go straight along the street until you come to a Spanish restaurant called "Amigo" on your left. Then turn left and keep walking for about two blocks. It's next to ABC Bank on your right.
（左側にある「アミーゴ」というスペインレストランまで、通り沿いにまっすぐ行ってください。そして、左折して2ブロックほど歩いてください。右側にあるABC銀行の隣です）

◇花屋までの道順を教えましょう。

Walk to the end of the street, and turn left and keep walking until the second signal. Then turn right, and you'll find a flower shop on your right. It's in front of a high school.

(突き当たりまで歩いて、左折したら2つ目の信号まで歩いてください。そして、右折すると、右側に花屋があります。高校の前です)

◇ABC Caféまでの道順を教えましょう。

Turn left at that convenience store, and keep walking until you come to a gas station on your left. "ABC Café" is just past the gas station. It's across from the library.

(あのコンビニのところを左折して、左側にあるガソリンスタンドまで歩いてください。「ABC カフェ」はガソリンスタンドを越えたところにあります。図書館の向かいです)

◆道案内に使える便利なことば◆

next to ～（～の隣）
between A and B（A と B の間）
across from ～（～の向かい）
in front of ～（～の前）
T-junction（T 字路）
We're here.（[地図を見ながら] 私達はここにいます）

22　駅で①…運賃を聞かれる

A: **Excuse me, how much** is it to Tokyo Station?
（すみません、東京駅まではいくらですか？）

バリエーション
- **How much** does it cost to Tokyo Station?
（東京駅まではいくらですか？）

B: **Let me** see...
It's two-hundred sixty yen.
（ええっと…、260円ですね）

駅で①…運賃を聞かれる

A: **Thank you. How can I buy a ticket?**
（ありがとう。どうやって切符を買うんですか？）
33, 21, 11

B: **You can buy one from a ticket machine.**
（券売機で買えますよ）
11

バリエーション
○ **Let me** help you buy it.
（買うのを手伝いますよ）
32

23 駅で②…行き方をたずねられる

A: **How can I** get to Shinagawa?
（品川までどうやって行けばいいですか？）

バリエーション

○ **Could you** tell me **how to** get to Shinagawa?
（品川までの行き方を教えていただけますか？）

B: **There are** several ways to go.
（いくつか行き方がありますよ）

バリエーション

○ **You can** take **either** the Yamanote Line **or** the Tokaido Line.
（山手線か東海道線に乗れますよ）

駅で②…行き方をたずねられる

A: **What's the best way?**
（一番いい方法はどれですか？）

バリエーション

○ **What's the fastest way?**
（一番速い方法はどれですか？）

○ **What's the cheapest way?**
（一番安い方法はどれですか？）

B: **Take the Yamanote Line. I think that is the best way.**
（山手線に乗ってください。それが一番良い方法だと思いますよ）

24 駅で③…電車についてたずねられる

A: **Does this train stop** at Shinjuku?
（この電車は新宿に止まりますか？）

バリエーション

○ **Does this train go** to Shinjuku?
（この電車は新宿行きですか？）

○ **Is this** a local train?
（これは各駅停車の電車ですか？）

B: **Yes, it does.**
  It's the fifth stop.
（ええ、止まりますよ。5つ目です）

バリエーション

○ No, take the train from platform No.5.
（いいえ。5番線の電車に乗ってください）

駅で③…電車についてたずねられる

A: **How long** does it take from here?
（ここからどのくらいかかりますか？）

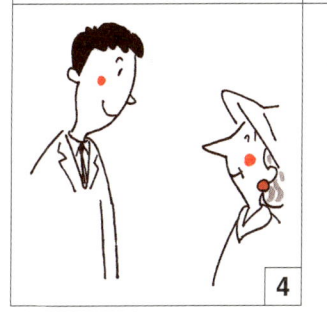

B: **It takes** about twenty minutes.
（20分くらいですよ）

バリエーション

○ **If** you take the express train, **you will** be there in ten minutes.
（急行に乗れば、10分で着きますよ）

25 初対面の人とあいさつを交わす

A: **Hi, I'm Kenji. Nice to meet you.**
（こんにちは。私はケンジです。お会いできてうれしいです）

バリエーション

○ Hi, my name is Kenji.
Nice to meet you.
（こんにちは。私の名前はケンジです。
はじめまして）

B: **Hi, I'm Tracy. Nice to meet you, too.**
（こんにちは。私はトレイシーです。
こちらこそ、お会いできてうれしい
です）

初対面の人とあいさつを交わす

A: **How do you spell your name?**
（お名前のつづりは？）
21, 3

バリエーション

○ **Have we met before?**
（以前にお会いしましたか？）
10

○ **I think we've met before.**
（以前にお会いしたと思います）
29, 10

B: **It's T-r-a-c-y.**
（T-r-a-c-yです。）
1

26 知り合いとあいさつを交わす

A: **How're you?**
（元気？） 21, 2

バリエーション

○ **How've you been?**
（どうしてた？） 21, 9
※久しぶりに会った相手に使います。

○ **I haven't seen** you for a long time.
9
（しばらく会ってないね）

B: **I don't feel** so well.
（あまり気分がよくないよ） 3

バリエーション

○ **I'm** fine.
（元気だよ） 2

知り合いとあいさつを交わす

A: **Oh, really? What happened?**
（え？　そうなの？　どうしたの？）

バリエーション

○ **You look** pale.
（顔色が悪いよ）

○ **You look** tired.
（疲れているみたいだね）

B: **I didn't sleep at all last night.**
（昨日の夜、全然寝てないんだ）

バリエーション

○ **I must** have a bad case of the flu.
（ひどいインフルエンザにかかったみたいなんだ）

27 日本に来てどのくらいか、たずねる

A: **How long have you been** in Japan?
（日本に来てどのくらい？）
21, 9

バリエーション

○ **When did you come** to Japan?
（いつ日本に来たの？）
18, 7

B: **I've been** here for two months.
（ここに来て2カ月になるよ）
9

バリエーション

○ **I came** here two months ago.
（2カ月前にここに来たんだ）
7

日本に来てどのくらいか、たずねる

A: **How do you like** Japan so far?
（今までのところ、日本はどう？）
21, 3

バリエーション
○ **Why did you come** to Japan?
（どうして日本に来たの？）
20, 7

B: **I like** it very much.
（とても気に入ってるよ）
3

バリエーション
○ **I'm not used to** the rush hour.
（ラッシュアワーに慣れないよ）
23

Ⅱ マンガで分かる！72パターンと＋α 38パターンはこう使う

28 どこから来たのか、たずねられる

A: **Where are you** from?
（どこのご出身？）

バリエーション
○ **Where do you come** from?
（どこのご出身？）

B: **I'm** from Japan.
（日本です）

どこから来たのか、たずねられる

A: **Oh, are you? I've been there once.**
（ああ、そうなんですか？ 日本に一度行ったことがありますよ）10

バリエーション

○ **I've never been there.**
（日本には行ったことがありません）10

B: **Really? Where in Japan did you go?**
（本当ですか？ 日本のどこに行きましたか？）19, 7

バリエーション

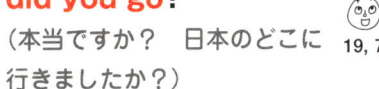

○ **I'm happy to hear that.**
（それを聞いてうれしいですよ）2

29 職業について話す

A: **What do you do?**
（何をされていますか？）

ワンポイント

"What do you do?" は、職業をたずねるときに使う表現です。

B: **I'm a university student.**
（大学生です）

バリエーション

○ **I'm** an office worker.
（会社員です）

○ **I work** for a bank.
（銀行に勤めています）

※〜に勤める：work for/at 〜

職業について話す

A: **What's your major?**
(専攻は何ですか?)

バリエーション
○ What do you study?
(何を勉強していますか?)

B: **I major in economics.**
(経済学を専攻しています)

バリエーション
○ My major is economics.
(私の専攻は経済学です)

30 兄弟(姉妹)について話す

A: **Do you have** any brothers or sisters?
(兄弟はいるの？)

B: **Yes, I have** a **younger** sister and a **younger** brother.
(うん。妹と弟がいるよ)

ワンポイント

『older brother』 兄
『older sister』 姉
『twin brother』 双子の兄（弟）

兄弟(姉妹)について話す

A: **Oh, you're the oldest. How old are they?**
（へぇ、あなたが一番上なんだね。妹さん達はいくつ？）

25　21

B: **She is thirty, and he is twenty-three. He is nine years younger than me.**
（妹は30歳、弟は23歳だよ。弟は私より9歳下なの）

2, 72

31 電話①…電話をかける

A: **Hello.**
（もしもし）

B: **Hello, This is Maki. May I speak to Brian?** 1, 50
（もしもし、マキですけど。ブライアンさんいらっしゃいますか？）

バリエーション

○ **Is Brian there?**
（ブライアンさん、いますか？）
※『May I ～ ?』の方が丁寧な表現です。

電話①…電話をかける

CD 71

A: **He is out now.**
（今、外出しています）

バリエーション

○ Hold on, please.
（お待ちください）

○ He hasn't come back yet.
（まだ戻っていません）

○ This is he.
（私です［本人が出る場合］）
※女性の場合は、"This is she." となります。

B: **OK, I'll call him later then.**
（分かりました。では、後でかけなおします）

32　電話②…伝言を頼む／受ける

A: **Would you like to leave a message?**
（ご伝言を残されますか？）

バリエーション

○ **Can I** take a message?
（ご伝言を承りましょうか？）

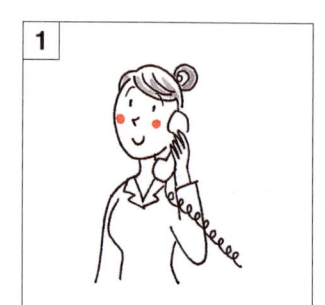

B: **Yes, please. Could you** ask him to call me back **as soon as possible**?
（ええ、お願いします。できるだけ早く折り返し電話いただけるよう、お願いできますか？）

バリエーション

○ No, **thank you**. I'll call him again.
（いいえ、結構です。また電話します）
○ **Could you** ask him to call me on my cell phone?
（私の携帯に電話をもらえるように伝えていただけますか？）

電話②…伝言を頼む/受ける

A: **OK, Mr. White. I'll give him the message.**
（承知しました、ホワイト様。ご伝言をお伝えします）

バリエーション

○ **Thank you for calling.**
（お電話、ありがとうございました）

○ **May I ask your phone number just in case?**
（念のため、電話番号を伺ってもよろしいですか？）

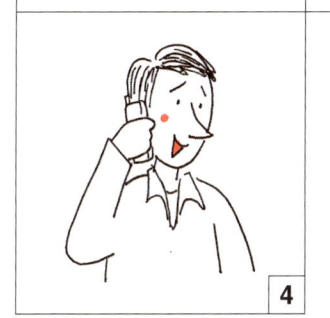

B: **Thank you.**
（ありがとうございます）

33 電話③…不在のとき、何時に帰ってくるかたずねる

A: **Do you know what time** she'll be back?
（彼女が何時に戻ってくるか分かりますか？）

B: **I'm not sure**, but **she should** be back **by five**.
（よく分かりませんが、5時までには戻って来るはずです）

バリエーション
○ I'm not sure when she will come back.
（何時に帰ってくるかはよく分かりません）
○ She'll come back around five-thirty.
（5時半頃、戻ります）

電話③…不在のとき、何時に帰ってくるかたずねる

A: **I see. Could you just tell her that I called?**
(分かりました。私から電話があったことだけ伝えていただけますか？)
52 24

B: **Sure.**
(分かりました)

バリエーション

○ You can call her on her cell phone, if you like.
11, 71
(よろしければ、携帯に電話できますよ)

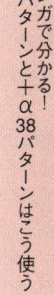

34　様子をたずねる

A: **What's wrong with you? You look** exhausted.
（どうしたの？　すごく疲れているように見えるけど）

11, 20

B: **We had trouble with our** network system yesterday, **and had to** work until two o'clock in the morning.

68, 12

（昨日、うちのネットワークシステムにトラブルがあって、午前2時まで働かなきゃいけなかったんだよ）

様子をたずねる

A: **You did? You must be sleepy.**
（そうなの？　眠いだろうね）

バリエーション
○ **That sounds terrible.**
（大変そうだね）

B: **Actually, I almost fell asleep.**
（実際、もうちょっとで寝ちゃいそうだよ）

35 励ます

A: **I've decided** to get married to my girlfriend.
(彼女と結婚することにしたよ)

B: **Wow!! Congratulations on** your engagement!
(えぇ!! 婚約おめでとう!)

バリエーション

○ **I'm** happy to hear that.
(それを聞いてうれしいよ)

励ます

A: **Well..., I've not proposed to her yet.**
（う…ん、彼女にまだプロポーズしてないんだよ）

B: **Don't worry. I'm sure she wants to get married to you, too. Good luck with your proposal!**
（心配しないで。絶対、彼女も君と結婚したがっているよ。プロポーズ、頑張って！）

バリエーション

○ She can't refuse your proposal.
（彼女がプロポーズを断るはずがないよ）

○ Do you mean you haven't asked her to get married?
（彼女に求婚していないってこと？）

36 天気について話す

A: **What's** the weather **like**?
（天気はどんな感じ？）

B: **It's** very cloudy. **In case** it rains, **you should** take an umbrella with you.
（曇ってるよ。雨が降るといけないから、かさを持っていった方がいいよ）

バリエーション

○ **It's raining.**
（雨が降ってるよ）

○ **Make sure to** take an umbrella with you.
（絶対かさを持っていってね）

天気について話す

A: **I will. The rainy season must be coming soon.**
（そうするよ。すぐに梅雨が来るに違いないね）

5, 46

B: **Yeah... I hate the rainy season because it's very humid.**
（そうだね…。すごくジメジメするから、梅雨は嫌いだよ）

3, 69

37 映画について話す

A: **What did you do** last weekend?
（先週末、何してた？）

B: **I saw** Brad Pitt's **latest** movie.
（ブラッド・ピットの最新映画を見たよ）

バリエーション

○ **I was supposed to** go shopping with my mom.
（母と買い物に行くはずだったんだけど）

映画について話す

A: **I saw it, too, but I didn't like it very much.**
（僕も見たけど、あんまり好きじゃなかったな）

13　7

バリエーション

3
○ How was it?
（どうだった？）
21

B: **Me neither.**
   It's kind of boring.
（私も。ちょっとつまらなかったね）
28, 36

バリエーション

○ I didn't like it, either.
（私も好きじゃなかったよ）
14

○ It wasn't so good.
（あまり良くなかったね）
36

38 通勤について話す

A: **How long does it take** you to commute?
(通勤にどれくらいかかるの?)

B: **It takes** about an hour and a half.
(1時間半くらいだよ)

通勤について話す

A: **Wow! Isn't that too long? Why don't you move?**
（へぇ！ 長すぎない？ 引越ししたら？）
35, 37, 27

3

バリエーション

○ **It's too long, isn't it?**
（長すぎるよね？）
37, 59

○ **Don't you live in Tokyo?**
（東京に住んでいるんじゃないの？）
38

B: **Yeah. That's what I'm thinking.**
29　66
（うん。そう思ってるところだよ）

4

バリエーション

○ **No, It's not so long to me.**
（ううん、私にとってはそんなに長くないよ）
36

○ **No, I'm used to it.**
（ううん、慣れてるよ）
23

II　マンガで分かる！72パターンと＋α 38パターンはこう使う

177

39 趣味について話す

A: **What do you like** to do in your free time?
（趣味は何？）
15, 3

B: **I like** listening to music.
（音楽鑑賞だよ）
3

バリエーション

○ **I like** reading.
（読書だよ）
3

○ **I like** shopping.
（ショッピングだよ）
3

趣味について話す

A: **What kind of music do you like?**
（どんな音楽が好きなの？）
54, 3

バリエーション

○ What kind of music do you listen to?
（どんな音楽を聴いてるの？）
54, 3

○ Who's your favorite singer?
（好きな歌手は誰？）
17

B: **I like classical music like Chopin.**
（ショパンみたいなクラシックが好きなんだ）
3　37

バリエーション

○ I like jazz the best.
（ジャズが一番好きだよ）
25

40 プレゼントを渡す／もらう

A: **Congratulations on** your marriage! **This is** for you.
62, 1
（結婚おめでとう！　これ、あなたに）

B: Oh, **thank you**! **Can I** open it?
33, 11
（えっ、ありがとう!!　開けてもいい？）

バリエーション

○ Is it OK if I open it?
49
（開けてもいい？）

○ You shouldn't have.
43
（こんなことしなくてもよかったのに）

※"have" は、"you shouldn't have done." の "have" です。

プレゼントを渡す／もらう

CD 80

A: **Sure, go ahead. I hope you like it.**
（もちろん、どうぞ。気に入ってくれるといいんだけど）
30

B: **What a pretty photo frame! I like it a lot. Thank you so much!!**
（なんてきれいな写真立てなの！ すごく気に入ったよ。どうもありがとう!!）
17　33

バリエーション

○ **How** pretty!
（なんてきれいなの！）
16

○ **It must** be expensive.
（高いに違いないよ）
46

Ⅱ マンガで分かる！72パターンと＋α38パターンはこう使う

41 ペットについて話す

A: **Do you have** any pets?
(何かペットを飼ってる？)

B: **No, but I used to** have a dog **when** I was a child. **How about** you?
(ううん。でも、子供の頃は犬を飼っていたよ。君は？)

バリエーション

○ Yes, I have two cats.
(うん。猫を2匹飼っているよ)

○ No, I don't like animals very much.
(ううん。あまり動物は好きじゃないの)

ペットについて話す

A: **I have** a cat.
（猫を飼っているよ）

バリエーション

○ **I don't have** any, **either**.
（私も何も飼っていないよ）

○ I have **not only** a cat, **but also** a dog.
（猫だけでなく犬も飼っているよ）

B: **What kind of** cat do you have?
（どんな猫を飼っているの？）

バリエーション

○ **Who** takes care of it?
（誰が猫の世話をしているの？）

42 スポーツについて話す

A: **Have you tried** racquetball?
（ラケットボールやったことある？）

B: **No, what is it like?**
（ううん。それ、どんなの？）

バリエーション

○ Yes, I've tried it once.
（うん。1回やったことがあるよ）

スポーツについて話す

A: **You might** think it's **like** tennis, but the rules are totally different.

（テニスみたいなものだと思うかもしれないけど、ルールが全然違うんだよ）

> **ワンポイント**
>
> 『totally ～』で、「全然～」という意味になります。

B: **I hope** I have a chance to play racquetball some day.

（いつかラケットボールをする機会があればいいな）

バリエーション

○ **Will you** ask me **when** you play next time?
（今度するときに誘ってくれない？）

43 お菓子を勧める／勧められる

A: **Do you want** some?
（食べる？）

バリエーション

○ Would you like some?
（召し上がりますか？）
※『Do you want 〜?』より丁寧な表現です。

B: **Yeah! I'm starving!**
（うん！ すっごくおなかがすいてるんだ！）

バリエーション

○ No, thanks. I'm on a diet.
（いいや、ありがとう。ダイエットしてるんだ）

○ No, thanks. I'm trying to lose weight.
（いいや、ありがとう。減量しようとしてるんだ）

○ No, thanks. I'm not so hungry.
（いいや、ありがとう。そんなにおなかがすいてないんだ）

お菓子を勧める／勧められる

A: **Are you?** **Didn't you** have lunch?
（そうなの？　お昼食べてないの？）

バリエーション

○ How come **you're** so hungry?
（どうしてそんなにおなかがすいてるの？）

※『How come ～?』は『Why ～?』の代わりに使います。～は、主語＋動詞の順になります。ネイティブがよく使う表現です。

B: **I did!** **I don't know** why I'm so hungry, **either**.
（食べたよ！　どうしてこんなにおなかがすいているのか、僕にも分からないよ）

44 飲酒について話す

A: **How often do you drink?**
(よく飲んでるの?)

バリエーション

○ **Do you drink** every day?
(毎日飲んでるの?)

B: **I drink** almost every day.
(ほぼ毎日飲んでるよ)

飲酒について話す

A: **Wow! You really like alcohol, don't you?**
（へぇ！　本当にアルコールが好きなんだね？）
3, 59

バリエーション

○ **It's bad for your health to drink every day.**
（毎日飲むのは健康に悪いよ）
21

B: **Yeah, but I should try not to drink too much.**
（うん。だけど、飲み過ぎないようにしなきゃいけないね）
43, 65, 37

45 週末の予定について話す①

A: **What are you going to do this weekend?**
（今週末、何をするつもり？）

バリエーション

○ **What's** your plan for this weekend?
（今週末の計画は？）

B: **I'm going to** see the fireworks.
（花火を見に行くつもりだよ）

バリエーション

○ **It depends on** the weather.
（天気次第だね）

週末の予定について話す①

A: **What if it rains?**
（雨が降ったらどうするの？）

バリエーション

○ **Do you mind if I** join you?
（一緒に行ってもいい？）

○ **Would you mind my** joining you?
（一緒に行ってもいい？）

B: **I'm going to** see a movie.
（映画を見に行くつもりだよ）

バリエーション

○ **I haven't decided** yet.
（まだ決めていないよ）

46 週末の予定について話す②

A: **I'm supposed to** see my friends from high school this weekend. **We've not seen** each other since we graduated.
(今週末、高校の友達に会うことになっているの。卒業以来、会ってないんだ)

バリエーション

○ **I'm going to** see my friends from high school this weekend.
(今週末、高校の友達に会う予定なの)

B: **You must** be very excited.
(すごくワクワクしてるだろうね)

バリエーション

○ **You're** very excited, aren't you?
(すごくワクワクしてるでしょ?)

週末の予定について話す②

A: **Yeah, I can't wait to see them!**
（うん、友達に会うのが待ち遠しいよ！）

バリエーション

○ **I'm looking forward to** seeing them.
（彼らに会うのを楽しみにしているよ）

B: **Have fun!**
（楽しんできてね！）

バリエーション

○ **I hope** you enjoy yourself.
（楽しめるといいね）

47 相手の日本語について話す

A: **How long have you studied** Japanese?
（日本語をどのくらい勉強しているの？）
21, 9

バリエーション

○ **When did you start** to study Japanese?
（いつ日本語の勉強を始めたの？）
18, 7

B: **I've studied** it for more than five years.
（5年を越えてるよ）
9

バリエーション

○ **I started** to study it five years ago.
（5年前に日本語の勉強を始めたよ）
7

○ **I've just started** to study it.
（日本語の勉強を始めたところだよ）
8

相手の日本語について話す

A: **Oh, that's why you speak Japanese very well.**
（ああ、だから日本語がすごく上手なんだね）

B: **Thank you for telling me so. I'm very happy to hear that.**
（そう言ってくれてありがとう。それを聞いてとてもうれしいよ）

48 映画に誘う

A: **Are you free this coming Friday night?**
（今度の金曜日の夜、暇？）

B: **I'm not sure. It depends on work. Why?**
（分からないよ。仕事次第だね。どうして？）

映画に誘う

A: **I was just wondering if you want to go to the movies.**
（ちょっと映画を見に行きたくないかなと思って）

バリエーション
○ Do you want to go to the movies?
（映画を見に行きたくない？）

B: **Sounds good! I hope I don't have to work overtime on that day.**
（いいね！　その日は残業がなければいいけど）

ワンポイント

会話では、『That sounds ～』の『That』を省略して、『Sounds ～』もよく使います。

49 ランチに誘う

A: **Let's** go out to lunch!
(お昼を食べに行こうよ!)

バリエーション

○ **How about** going out to lunch?
(お昼を食べに行かない?)
○ **Would you like to** go out to lunch?
(お昼を食べに行きませんか?)

B: **Sure. What about** Joe and Yumi?
(うん! ジョーとユミはどうしたの?)

ランチに誘う

A: **Neither** Joe **nor** Yumi **will** join us.
They have one more class.
（ジョーもユミも一緒に来ないよ。もうひとつ授業があるんだよ）

バリエーション

○ **Both** Joe **and** Yumi **won't** join us.
（ジョーもユミも一緒に来ないよ）

B: **I wish** they could come with us.
（一緒に来れたらいいのにね）

50 夕食に誘う

A: **Why don't you** have dinner with me tonight?
(今夜、夕食を一緒にどう？)

バリエーション

○ **I'd like to** ask you to dinner tonight.
(今夜、あなたを夕食に誘いたいのですが)

B: **Sure, why not?**
(うん、いいよ)

バリエーション

○ I'd love to.
(よろこんで)

○ **I'm afraid** I have another appointment tonight.
(すみませんが、今夜は他の約束があります)

夕食に誘う

A: **Good! How about Italian?**
（よかった！ イタリア料理はどう？） 26

バリエーション

○ **What** do you **want to** eat?
（何が食べたい？） 15, 13

B: **Sounds** good! **There is a** good Italian restaurant in Yokohama.
（いいね！ 横浜にいいイタリア料理のレストランがあるよ） 56, 14

バリエーション

○ **I feel like** eating Japanese food.
（日本食を食べたい感じかな） 22

○ **Whatever** you like.
（君の好きなものでいいよ） 38

○ **Whatever.**
（何でもいいよ） 38

51 新しい店について話す

A: **I heard** that a new Italian restaurant opened a couple of days ago. **I didn't know** that.
（2、3日前に、新しいイタリアンレストランがオープンしたらしいね。知らなかったよ）

B: Really? **You can't** miss it. **There are** a lot of people **in front of** the restaurant.
（本当？ 見逃すはずはないよ。レストランの前にたくさん人がいるよ）

バリエーション

○ It's **not** an Italian, **but** a French restaurant, actually.
（実際は、イタリア料理じゃなくてフランス料理のレストランだけどね）

新しい店について話す

A: **Let's** go there for lunch.
（そこにランチ食べに行こうよ）

バリエーション

○ Why don't we go there for lunch?
（そこにランチ食べに行かない？）

※『Why don't we ~?』は『Why don't you ~?』の変形バージョンで、「~しない？」という意味です。『Let's ~.』が「~しようよ」と一方的な誘いのニュアンスが強いのに対して、『Why don't we ~?』は「~しない？」と相手の意思を聞いてみるニュアンスが強くなります。

B: **That's what I'm thinking.**
（そう思ってたところだよ）

バリエーション

○ That sounds good.
（いいね）

○ That's a good idea.
（いい考えだね）

○ Isn't it expensive there?
（そこ、高いんじゃないの？）

52 待ち合わせの時間を決める

A: **What time are we going to meet tomorrow?**
（明日、何時に会う？）

バリエーション

○ **What time** do you **want to** meet tomorrow?
（明日、何時に会いたい？）

B: **How about either 11:30 or 12:00?**
（11:30か12:00はどう？）

待ち合わせの時間を決める

A: **Let's** meet at **11:30** then.
（じゃあ、11:30に会おうよ）

バリエーション

○ **Do you mind my** changing the meeting place?
（待ち合わせ場所を変えてもいい？）

○ **Do you mind if I** change the meeting place?
（待ち合わせ場所を変えてもいい？）

○ **Is it OK if** I change the meeting place?
（待ち合わせ場所を変えてもいい？）

B: **OK. Make sure** not to be late.
（いいよ。絶対遅れないでよ）

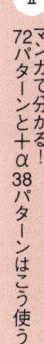

あいさつの表現

- **Hello.**（こんにちは）
- **Hi.**（やあ）
  * "Hello." よりもくだけた言い方です。

- **How are you?**（元気？）
- **How are you doing?**（元気にしてる？）
  * "How are you?" よりもくだけた言い方です。

- **How have you been?**（どうしてた？）
- **How is it going?**（調子はどう？）
- **What's up?**（何かあった？）
  * "What's up?" と聞かれたら、"Nothing much. What's up with you?（特に何もないよ。君は？）" などと答えます。
  答えを求めないで、単なるあいさつとして "What's up?" と言っている人も多いです。

つなぎの表現

- **Well,**（さて、）
- **I mean,**（つまり、）
- **Anyway,**（とにかく、）
- **Actually,**（実際、）

あいづちの表現

- **Certainly.**（もちろん）
- **Sure.**（いいよ）

☐ **All right.**（わかったよ）
☐ **Really?**（本当？）
☐ **Are you sure?**（本当？）
☐ **Is that right?**（そうなの？）
☐ **I know.**（そうだよね）
☐ **Absolutely!**（まったくそのとおりだね）
☐ **Exactly!**（まったくそのとおりだよ）
☐ **That's true.**（そうだね）
☐ **No way.**（とんでもないよ。いやだよ）

感情を表す表現

I'm happy.／I feel happy.（うれしいよ）
I'm excited.／I feel excited.（ワクワクするよ）
I'm sad.／I feel sad.（悲しいよ）
I'm lonely.／I feel lonely.（寂しいよ）
I'm mad.／I feel mad.（怒っているよ）
I'm angry.／I feel angry.（怒っているよ）
I'm irritated.／I feel irritated.（イライラしているよ）
I'm disappointed.／I feel disappointed.（がっかりしているよ）
I'm blue.／I feel blue.（憂鬱だよ）
I'm depressed.／I feel depressed.（憂鬱だよ）
I'm bored.／I feel bored.（退屈だよ）
I'm scared.／I feel scared.（怖いよ）
I'm relieved.／I feel relieved.（ホッとしているよ）

●著者略歴●

味園　真紀（みその・まき）

明治学院大学文学部英文学科卒業。
同校在学中、カリフォルニア大学に留学。
卒業後、コンサルティング・ドキュメント制作会社に入社。
様々な分野・業種において、営業、制作、商品開発、販売促進活動など幅広く活動している。
一方で、初級者〜中級者を対象とした英会話教材の制作を手がけている。
著書に、『CD BOOK たったの72パターンでこんなに話せる英会話』『CD BOOK 仕事でネイティブに会う前の10分音読』『指で覚える会社英語の基本の基本』『CD BOOK 日常英会話の基本ミニフレーズ1009』(明日香出版社)、『CD BOOK 音パターンで身につけるはじめてのリスニング』『頻出ビジネス英単語1600』『ビジネスですぐに使えるEメール英語表現集』『CD BOOK 場面別　会社で使う英会話』『会社の英語すぐに使える表現集』『英語論文すぐに使える表現集』(ベレ出版)。

本書の内容に関するお問い合わせは弊社HPからお願いいたします。

CD BOOK　72パターンに＋α（プラスアルファ）で何（なん）でも話（はな）せる英会話（えいかいわ）

2005年11月30日　初版発行
2021年3月22日　第59刷発行

著者　味園（みその）真紀（まき）
発行者　石野栄一

〒112-0005　東京都文京区水道2-11-5
電話(03)5395-7650(代　表)
(03)5395-7654(F A X)
振替00150-6-183481
https://www.asuka-g.co.jp

明日香出版社

■スタッフ■　BP事業部　久松圭祐／藤田知子／藤本さやか／田中裕也／朝倉優梨奈／竹中初音　BS事業部　渡辺久夫／奥本達哉／横尾一樹／関山美保子

印刷　株式会社研文社
製本　根本製本株式会社
ISBN4-7569-0931-0 C2082

乱丁本・落丁本はお取り替えいたします
ⓒMaki Misono 2005 Printed in Japan

CD BOOK たったの72パターンで こんなに話せる英会話

味園　真紀：著

本体価格1400円＋税
B6変型　216ページ
ISBN4-7569-0832-2
2005/01発行

**全国で大好評発売中！
英語ぎらいな人も、
英語が好きな人も、
必ず英語が話せるようになる！**

＜決まった「パターン」を使い回せば、誰でも必ず話せる！＞
英会話では、フレーズを丸暗記するのではなく、英語でよく使われる「パターン」を身につけることが、1日も早く英語が話せるようになる近道です。

＜これでもうフレーズ丸暗記の必要ナシ！＞
「～じゃない？」「～頑張って！」「よく～するの？」「～してもらえない？」「～はどんな感じ？」「～だよね？」などなど、ふだん使う表現が英語でも必ず言えるようになります。

＜こんな方にオススメです＞
・英語を始めたばかりの方、やり直し始めたばかりの方
・暗記が苦手な方
・英文法をコツコツ勉強するより、とにかく会話を楽しみたい方

CD BOOK たったの68パターンで こんなに話せるビジネス英会話

味園　真紀：著

本体価格1600円＋税
B6変型　208ページ
ISBN4-7569-1021-1
2006/10発行

ビジネス英語だって、
『68パターン』を使い回して
ここまで話せる！
いちから勉強する時間がない…
という方にもオススメです。

＜決まった「パターン」を使い回せば、誰でも必ず話せる！＞
英会話では、フレーズを丸暗記するのではなく、英語でよく使われる「パターン」を身につけることが、1日も早く英語が話せるようになる近道です。

＜これでもうフレーズ丸暗記の必要ナシ！＞
「あいにく～」「～してもよろしいですか？」「～して申し訳ございません」「当社は～です」「～していただけますか？」「～はいかがですか？」などなど、ビジネスでの必須表現が、英語でも言えるようになります。

＜こんな方にオススメです＞
・ビジネスですぐに使える英語を身につけたい人
・英語を始めたばかりの方、やり直し始めたばかりの方
・暗記が苦手な方

CD BOOK たったの72パターンで こんなに話せる**イタリア語会話**

ビアンカ・ユキ/ジョルジョ・ゴリエリ：著

本体価格1800円＋税
B6変型　224ページ
ISBN4-7569-1397-5
2010/07発行

『72パターン』を使い回せば、
誰でも必ず話せる！
これでもう
フレーズ丸暗記の必要ナシ！

CD BOOK たったの72パターンで こんなに話せる**フランス語会話**

小林　知子 / エリック・フィオー：著

本体価格1800円＋税
B6変型　224ページ
ISBN978-4-7569-1403-3
2010/08発行

『72パターン』を使い回せば、
誰でも必ず話せる！
これでもう
フレーズ丸暗記の必要ナシ！

CD BOOK たったの72パターンで こんなに話せる 中国語会話

趙怡華:著

本体価格1800円＋税
B6変型　216ページ
IISBN978-4-7569-1448-4
2011/03発行

『72パターン』を使い回せば、
誰でも必ず話せる！
これでもう
フレーズ丸暗記の必要ナシ！

CD BOOK たったの72パターンで こんなに話せる 韓国語会話

李　明姫:著

本体価格1800円＋税
B6変型　216ページ
ISBN978-4-7569-1461-3
2011/05発行

『72パターン』を使い回せば、
誰でも必ず話せる！
これでもう
フレーズ丸暗記の必要ナシ！

中学英語・高校英語

中学3年分の英文法が10日間で身につく＜コツと法則＞

中学で習う英文法のポイントを「100の法則」にまとめました。各項目の一つ一つをわかりやすく解説し、きちんと理解できているかどうか、そのつど練習問題を解いてみて、確認しながら読み進めていくことができます。この1冊で中学英語の文法の基礎が身につきます。

長沢　寿夫
本体価格1300円＋税
B6 並製 <224>
978-4-7569-1320-3
09/08 発行

高校3年分の英文法が10日間で身につく＜コツと法則＞

高校3年間で習う英文法の大事なところを「100の法則」にまとめました。『中学3年分の英文法』を読んだ方が次のステップとして読める内容です。（見開き2ページ構成で、左ページが文法説明、右ページが確認ドリル）。『中学英文法』と『高校英文法』の2冊で、中高6年間で習う英文法の基礎が身につきます。

長沢　寿夫
本体価格1400円＋税
B6 並製 <232>
978-4-7569-1351-7
09/12 発行

中学英語の基本のところが24時間でマスターできる本

超ロングセラー著者、長沢先生が読者から届く様々な質問に答えるべく始まったFAX講座。「今までわからなかった英語がわかるようになった！」と大好評の100枚プリントがとうとう書籍化！

長沢　寿夫
本体価格1300円＋税
B6 変型 <216>
4-7569-0972-8
06/03 発行

中学3年分の英語が21時間でマスターできる本

大好評「中学英語の基本のところが24時間でマスターできる本」の第2巻です。前著で基本の基本をマスターしたら、次はこの本でレベルアップ！　見易い見開き構成、2色刷、質問券付きです。

長沢　寿夫
本体価格1300円＋税
B6 変型 <216>
4-7569-1002-5
06/07 発行

高校英語の基本のところが24時間でマスターできる本

今までのシリーズと同じ見開き構成。簡単な単語、フレーズをくり返し勉強することで苦手意識のある人でも続けられる。中学英語よりも文法解説がレベルアップ。

長沢　寿夫
本体価格1400円＋税
B6 変型 <240>
978-4-7569-1145-2
07/12 発行

新装版「中1英語」20日間でマスターできる本

英語を好きになるのも、嫌いになるのも、勉強の仕方と習い方しだい。1人で勉強できるように、かんたんな基礎の基礎からはじめます。どんなに勉強が苦手な人でもわかるように、ていねいに説明しています。読み終わったときには、英語が大好きになっているはずです。

長沢　寿夫
本体価格880円＋税
B6 並製 <200>
4-7569-0437-8
01/05 発行

新装版「中2英語」20日間でマスターできる本

中学2年で習う文法を、はじめて習う人にもよくわかるようにくわしく解説しています。「これだけは覚えましょう」「ここが大切」「ここをまちがえる」という説明で、テスト対策のコツもばっちりわかります。さあ、中学2年生の英語にチャレンジしてみましょう。

長沢　寿夫
本体価格880円＋税
B6 並製 <200>
4-7569-0438-6
01/05 発行

新装版「中3英語」20日間でマスターできる本

中学3年生で習う英語は、中学英語の総まとめともいえるとても大事な部分です。中学3年生で習う文法を中心に、テスト対策やリスニングのコツなどをとりあげました。大切なところやわかりにくいところ、まちがえやすいところもていねいに説明しているので、疑問が残らずにどんどん英語の力がついてきます。

長沢　寿夫
本体価格880円＋税
B6 並製 <200>
4-7569-0439-4
01/05 発行

フランス語会話フレーズブック

フランス好きの著者と、日本在住のフランス人がまとめた、本当に使えるフランス語会話フレーズ集！ 基本的な日常会話フレーズだけでなく、読んでいるだけでためになるフランス情報ガイド的な要素も盛り込みました。CD 3枚付き！（日本語→フランス語収録）

井上 大輔
エリック・フィオー
井上 真理子
本体価格2800円+税
B6 変型 <416>
978-4-7569-1153-7
08/01 発行

イタリア語会話フレーズブック

日常生活で役立つイタリア語の会話フレーズを 2900 収録。状況別・場面別に、よく使う会話表現を掲載。海外赴任・留学・旅行・出張で役立つ表現も掲載。あらゆるシーンに対応できる、会話表現集の決定版！

ビアンカ・ユキ
ジョルジョ・ゴリエリ
本体価格2800円+税
B6 変型 <360>
978-4-7569-1050-9
07/03 発行

スペイン語会話フレーズブック

日常生活で役立つスペイン語の会話フレーズを 2900 収録。状況別に、よく使う会話表現を掲載。スペイン語は南米の国々でも使われています。海外赴任・留学・旅行・出張で役立つ表現も掲載。あらゆるシーンに対応できる会話表現集の決定版！

林 昌子
本体価格2900円+税
B6 変型 <408>
4-7569-0980-9
06/05 発行

ドイツ語会話フレーズブック

日常生活で役立つドイツ語の会話フレーズを 2900 収録。状況別に、よく使う会話表現を掲載。海外赴任・留学・旅行・出張で役立つ表現も掲載。カードに添える言葉、若者言葉なども紹介しています。

岩井 千佳子
アンゲリカ・フォーゲル
本体価格2900円+税
B6 変型 <400>
4-7569-0955-8
06/02 発行

ロシア語会話フレーズブック

日常生活で役立つロシア語の会話フレーズを 2900 収録。状況別・場面別に、よく使う会話表現を掲載。海外赴任・留学・旅行・出張で役立つ表現も掲載。手紙の書き方なども紹介しています。

岩切 良信
本体価格3000円+税
B6 変型 <352>
4-7569-0905-1
05/08 発行

ポルトガル語会話フレーズブック

日常生活で役立つ会話フレーズを約 2900 収録。状況別に、よく使う会話表現を掲載。海外赴任・留学・旅行・出張で役立つ表現も掲載。本書では、ブラジルのポルトガル語とヨーロッパのポルトガル語の両方の表現を掲載しています。

カレイラ松崎順子
フレデリコ・カレイラ
本体価格2900円+税
B6 変型 <336>
4-7569-1032-7
06/12 発行

韓国語会話フレーズブック

日常生活で役立つ韓国語の会話フレーズを 2900 収録。状況別・場面別に、よく使う会話表現を掲載。近年、韓国を訪れる日本人が増えています。海外赴任・留学・旅行・出張で役立つ表現も掲載。あらゆるシーンに対応できる、会話表現集の決定版！

李 明姫
本体価格2800円+税
B6 変型 <464>
4-7569-0887-X
05/06 発行

CD BOOK 英会話ダイアローグブック

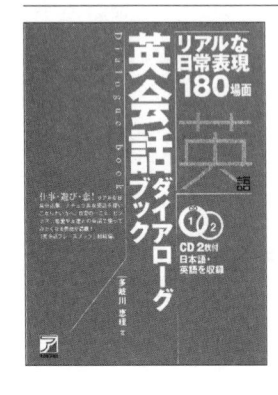

多岐川恵理

本体価格 2400円＋税
B6変型　384ページ
ISBN978-4-7569-1336-4
2009/10 発行

リアルな日常表現 180場面！
『フレーズブック』の次におすすめしたい本

＜リアルな日常会話集！＞
仕事・遊び・恋！　日常のひとこま、ビジネス、恋愛や友達との会話で使ってみたくなる表現が満載。「恋愛」「電話」「酒の席」「パソコン」など、日常会話のさまざまな場面を設定し、そのテーマで必ずおさえておきたい表現を盛り込んだダイアローグを豊富にそろえました。超・リアルな会話を通して、ナマの英語表現が今すぐ身につきます。

＜聴くだけで楽しい！＞
CD 2枚に、英語と日本語の両方のダイアローグを収録。
読むだけで・聴くだけで楽しい、英会話集の決定版！

＜こんな方にオススメです＞
・『英会話フレーズブック』を気に入ってくださった方
・ナチュラルな英語を使いこなしたい方
・文法をコツコツ勉強するより、とにかく会話を楽しみたい方